60년생이 온다

세 번째 스무 살 제대로 미쳐라!

60년생이 온다

이명숙 지음

"지나온 시간은 빛이 되고 남은 시간은 도전이 된다"
도전하고 성장하는 세 번째 스무 살, 그들의 이야기

솔과학

추천사

미래를 향한 세 번째 스무 살에 보내는 박수

필자는 이명숙 작가가 책을 썼다는 이야기를 듣고 깜짝 놀랐다. 퇴직한 지 일 년도 채 안 된 것 같은데, 언제 이렇게 글을 썼을까? 감탄에서 비롯된 놀라움이었다.

두 번째로 놀란 것은, 책이 너무 재미있다는 사실이었다. 물론 이 작가가 '백향목'이라는 필명으로 소설을 쓴 적이 있다는 것을 알고 있기에, 책을 출간했다는 사실 자체는 놀라운 일이 아니었다. 그러나 그녀의 신작 『60년생이 온다』에 실린 글이 이토록 재미있을 줄은 몰랐다.

책장을 펼치는 순간부터 눈을 뗄 수 없었다. 마치 빨려들듯 마지막 장까지 단숨에 읽어 내려갔다. 특히 어릴 적 이야기에서는 나의 어린 시절이 떠올랐다. 시골 초등학교에 다니던 시절, 검정 고무신에 책보를 맨 채 등하교하던 아이들, 도시락을 싸 온 날이면 빈 도시락통이 발걸음에 맞춰 딸그락거리던 소리, 그 모든 장면이 책 속에서 살아 숨 쉬듯 되살아났다. 미국 원조 옥수숫가루로 쑨 죽을 세 그릇에 한 번씩 돌려가며 나눠 먹던 그 시절. 도시락을 싸 오지 못한 친구들보다 더 먹고 싶어 도시락을 바꿔 먹던 순진한 우리들의 모습까지도 생생히 떠올랐다.

이명숙 작가 역시 그 시절을 온몸으로 관통했다. 거리에서 민주주의를 외치던 대학생으로, 노동 현장에서 시내버스 안내양으로, 전업주부로, 마침내 직업상담이라는 새로운 길을 개척한 선구자로 살아왔다. 그 세월 동안 20년 인생을 세 번 살아낸 셈이다.

그녀는 그 시간 동안 그림을 그리고, 해금을 연주하고, 글을 썼다. 상담 현장에서 만난 구직자들의 이야기를 글로 담았다. 그 진심 어린 글이 대통령의 눈에까지 닿았다는 사실은, 그녀의 글에 담긴 울림의 깊이를 보여주는 단적인 예다.

필자가 이명숙 작가를 처음 만난 것은 27년 전, 소설가협회에서였다. 풋내기 작가로 인사를 나누며, 대화가 잘 통하는 사람끼리 2

차 모임에서 더 가까워졌다. 그 이후로 가끔 만났지만, 언제나 놀라운 사람이었다. 직장 일로 바쁜 와중에도 그림을 그렸고, 출장을 다녀오는 길에도 글 한 편을 뚝딱 써내던 사람이었다. 그러면서도 가족을 소홀히 하지 않았다.

30년 넘게 한 공간에서 규칙적으로 살아온 이들이 갑자기 그 자리를 벗어나면, 다양한 모습으로 나타난다. 집안에 틀어박혀 있거나, 새로운 투자를 시도하다 실패하거나, 노후 우울증에 빠지는 등. 하지만 이명숙 작가는 달랐다. 그녀에게 퇴직은 끝이 아니라 또 다른 출발이었다. 30년 가까이 몸담았던 직장은 그녀의 열정을 태웠던 용광로였다. 이제 그녀는 새로운 불꽃을 피우려 한다.

그녀에게 미래는 두려움이 아닌, 호기심으로 가득 찬 새로운 '현장'일 뿐이다. 그 도전은 같은 시대를 살아가는 수많은 이들에게 힘이 된다. 아니, 그 이상의 가슴 떨림을 안겨준다.
왜냐하면, 우리도 곧 그녀처럼 새로운 스무 살을 맞이하게 될 테니까.

내가 읽은 '60년생이 온다'는 인생을 다시 뜨겁게 만드는 주문 같은 책이었다. 흔들리면서도 묵묵히 길을 만들어 온 60년생들의 이야기는, 지금 다시 시작하려는 우리 모두의 이야기다. 한 편의 서사가 살아 있는 이 책을 모든 이에게 권하며, 이명숙 작가에게 아낌없는 박수를 보낸다.

"세 번째 스무 살을 넘어, 네 번째 스무 살을 향해 걸어가고 있는 당신. 그 길에 어떤 미래가 펼쳐질지, 기대됩니다. 우리는 당신을 응원하고, 늘 지켜보고 있습니다."

이명숙 작가, 당신의 내일을 위하여, 브라보!

_ 전용호

소설가, (사)광주전남소설가협회 회장 역임

『죽음을 넘어 시대의 어둠을 넘어』 공저

『천 개의 소원』, 『오리발 참전기』 등

들어가며

늦은 시작이란 없다. 우리 모두는 제때 피어난다.
_ 프리다 칼로

정년퇴직한 지 어느덧 1년이 지났다.

"내가 직장 생활을 한 적이 있었던가?"

지나간 세월이 꿈처럼 아스라하다. 누군가 다시 그 시절로 돌아가라고 한다면, 나는 한 치 망설임 없이 대답할 것이다.

"지금이 딱 좋은데, 굳이 왜?"

이 순간을 청춘과 바꾸고 싶은 마음은 없다.

요즘 나는, 마치 한 번도 조직 생활을 해본 적 없는 사람처럼 느긋하게 하루를 보낸다. 하고 싶은 일을 하며, 마음이 흐르는 대로 살아간다. 일 년 동안 온전히 나를 위한 삶을 살면서 만난 이들이 있다. 문화센터, 문화원, 공연장, 여행지. 어딜 가나 자리 잡은 사람들에게는 공통점이 있었다. 그들 중 많은 이들이 60년생이었다.

그들은 퇴직 후에도 여전히 활기차게 '세 번째 스무 살'을 살아가고 있었다. 우리는 4·19 혁명과 5·16 군사 정변의 혼란을 지나, 산업화와 민주화, 세계화의 격동 속을 뚫고 온 세대다. 부모는 생계를 위해 고향을 떠났고, 나도 일곱 살에 4대가 함께 살던 터전을 떠나 도시로 왔다.

도시 노동자의 딸로 자라며 '공산당이 싫어요'를 외치던 웅변대회에도 나갔다. 1980년 5월, 고등학생이던 나는 광주 민주항쟁을 겪었다. 대학 시절에는 시내버스 안내양으로 노동 현장에 있기도 했다. 1987년 6월 항쟁의 함성을 거리에서 들었다. 88올림픽의 감동을 TV로 바라보던 기억도 있다.

결혼 후에는 전업주부로 7년을 살았다. 서른셋, 대한민국 최초 직업상담원으로 다시 사회에 나섰다. 당시 전업주부의 취업은 흔한 일이 아니었다. 그 후 28년 동안, 직업상담 현장에서 수많은 사람의 삶을 함께 걸었다.

울고 웃으며 희망을 찾아가는 구직자들의 이야기를 국정브리핑과 오마이뉴스를 비롯한 다양한 매체에 기고했다. 놀랍게도 내 글을 읽어준 독자 중에는 노무현 대통령도 있었다. 거센 파도가 몰아칠 때 사람들은 주춤하지만, 나에게 그 파도는 두려움이 아니라 나를 일으켜 세운 힘이었다.

1960년생.

우리는 '광의의 베이비붐 세대'로 불린다. 산업화와 민주화를 온몸으로 통과하며, 나라의 성장과 함께 자신을 스스로 키워온 세대다. 가난과 결핍을 견디며 자란 유년, 거대한 성장과 변화의 중심에 선 청춘, 가족과 사회를 위해 헌신하며 살아낸 중년, 이제, 새로운 삶을 꿈꾸는 세 번째 청춘.

지금 우리는 또 다른 파도 앞에 서 있다.

퇴직 이후의 삶, 빠르게 변하는 세상, 쇠약해지는 몸. 두렵지 않다. 우리는 파도를 타는 법을 아는 세대다. 젊은 날엔 생계를 위해, 중년에는 책임을 위해 달려왔다면, 이제는 나를 위해 달린다. 자신을 온전히 탐구할 자유와 여유가 생겼다.

누군가는 취미를 찾고, 누군가는 여행을 떠난다. 나는 글을 쓴다. 글을 쓰며 지나온 삶을 돌아보고, 앞으로 다가올 날들을 상상한다. 예순이 넘어, 비로소 삶이 조금씩 보이기 시작한다.

책임과 사회적 역할에 짓눌렸던 젊은 날을 지나, 이제는 가벼운 마음으로 세상을 바라본다.

햇살에 반짝이는 이슬, 흔들리는 나뭇가지, 아이들의 웃음소리, 작은 제라늄 꽃망울 하나에도 깊은 의미와 감사를 느낀다.

"파도를 두려워하지 마라."
나이가 익어갈수록, 삶은 더 깊어진다.
나는 오늘도 파도를 기다린다.
내가 걸어온 기록을 쓰며,
앞으로 다가올 파도를 온몸으로 즐기기 위해.
60년생이 온다.

2025년 5월

이명숙 씀

목차

추천사 미래를 향한 세 번째 스무 살에 보내는 박수 • **4**
들어가며 늦은 시작이란 없다. 우리 모두는 제때 피어난다. • **8**

1장
1960년대, 격동의 시대에 태어나다   17

단돈 4만 원, 보리쌀 3포대, 쌀 1포대	19
유년의 방, 내가 살던 고향은	24
도시로 이사 온, 첫 설 명절의 기억	29
연탄불과 도시락에 깃든 사랑	33
재래식 화장실과 약장수 아저씨	38
골목길은 최고의 놀이터	42
검정 고무신에서 운동화로	46
라디오와 만화책이 열어준 세상	50
동네 사람 모두가 친구였던 시대	54
새마을 운동, 푸른 깃발이 휘날리던 날들	57
'공산당이 싫어요'를 외쳤던 어린 시절	61

2장

시대를 마주하다 65

80년 5월 광주, 그곳에 있었다 67
모순 속을 걸어간 여고 시절 74
아무도 미워하지 않는 자의 죽음 78
1984년, 나는 시내버스 안내양이었다 84
1987년 그 뜨거웠던 6월의 함성 100
졸업과 함께 찾아온 88올림픽 106
주저앉을 것인가, 일어설 것인가? 110

3장

직업상담, 시대를 잇는 일이 되다 115

그건 운명이었다	117
우리나라 최초 직업상담원이 되었다	122
직업상담은 한 사람의 인생을 바꾸는 일	129
한 끼 밥에 묻어난 정	134
직업상담 그 길에서 만난 사람들 1	139
직업상담 그 길에서 만난 사람들 2	159
내 글 독자가 대통령이라고	188
약속을 지킨 대통령, 잊지 못할 순간	219
우리나라 최초 직업상담직 공무원이 되었다	225
직업상담은 시대를 읽는 일	232

4장
60년생이 온다　　　　　　　　237

뚝배기 같고 사골처럼 진한, 60년생　　　　　　　　239
386에서 686이 되다, 두 번째 도약　　　　　　　　243
달리던 인생, 잠시 내려와 마주한 세상　　　　　　　　247
세대와 세대 간 진정한 동행　　　　　　　　250
핑계와 방법, 인생은 선택이다　　　　　　　　254
686세대, 길을 개척하다　　　　　　　　258
386에서 686으로, 우리는 변화를 이끈다　　　　　　　　263
60년생이 온다, 이제 우리 차례다　　　　　　　　267

5장
세 번째 스무 살 제대로 미쳐라　　271

내 시간, 이제 내가 주인	273
어제보다 오늘, 오늘보다 내일	277
아픔에도 시간을 선물하자	282
명랑한 청춘의 발랄한 영어 공부	287
작은 일에도 정성을 다하면 변하게 된다	292
각자의 속도, 각자의 방향으로	297
오늘을 산다는 건, 얼마나 찬란한가?	302
가장 힘든 승리는, 자기 자신과 싸움	307
끝까지 남는 사람, 그가 결국 길이 된다	311
행복도 연습이 필요하다	315
겨울을 지키는 장미 한 송이처럼	320
세 번째 스무 살, 멋대로 살자	324

글을 마치며 당신이 꿈꾸는 것은 당신이 되고 싶은 것입니다. • **329**

1장

1960년대, 격동의
시대에 태어났다

뿌리 깊은 나무는 바람에 흔들리지 않는다

— 한국 속담

단돈 4만 원, 보리쌀 3포대, 쌀 1포대

386세대, 나는 한때 그렇게 불렸다. 변화를 이끌던 시대의 주역이자, 민주화와 경제 성장의 중심에 섰던 세대로. 문득 궁금했다. 사전에서는 386세대를 어떻게 규정하고 있을까? 386세대를 검색했다.

국어사전에는 '차세대 신진 세력. 1990년대부터 사용되던 용어로서 나이가 30대면서 80년대에 대학을 다녔고, 60년대에 태어난 세대를 가리킨다. 90년대 초에 286 컴퓨터가 386으로 바뀌면서 차세대를 상징하는 비유로 쓰였다.'라고 나와 있다.

네이버 지식백과에서는 '386세대. 1960년대에 태어나 1980년대 대학에 다니면서 학생운동과 민주화 투쟁에 앞장섰던 세대'라고 나와 있다.

이제 그들이 본격적으로 은퇴를 시작한다. 나는 그들을 686세대라 부른다. 386세대로 한 시대의 주역이었던 그들. 이제 60대면서 80년대에 대학을 다녔고, 60년대에 태어난. 386세대로 한때 시대의 아이콘이었던 이들에게 은퇴란 무엇일까? 나는 그들의 은퇴가 단지 직업에서 퇴장이 아닌 사회문화에 변화를 예고하는 전환점이 될 것이라 확신한다. 은퇴가 단순한 세대교체가 아닌, 인생 2막에 대한 그들만의 이야기를 만들어 가리라는.

'60년생이 온다'를 쓰려면 내 부모님 이야기를 빼놓을 수 없다. 1939년생인 아버지는 해방 전과 후를 다 경험하셨다. 가난과 혼란 속에서도 가족을 지키기 위해 묵묵히 살아오신 아버지는 내 세대를 있게 한 토대였다.

아버지를 인터뷰했다.

"내 이야기를 들어서 뭣 하려고?"

"아버지가 우리의 역사 시잖아요."

"역사는 무슨."이라고 하시면서도 아버지는 좋아하셨다.

"아버지, 증조할아버지랑 4대가 사셨던 곳을 왜 떠나셨어요?"

"왜 떠나긴, 밥 먹고 살기도 힘든 곳에서 그대로 살다가는 너희들 학교도 제대로 못 보내겠구나 싶어서 나왔지."

"내가 4살 때였죠."

"니가 7살이었다."

"아, 그래요. 저는 지금까지 제가 4살 때 온 줄 알았어요."

아버지의 이야기는 여기서부터 시작되었다. 그때 아버지 나이는 32살이었다. 32살에 아내와 7살, 5살, 2살 된 자식을 데리고 4대가 살았던 고향을 떠나셨든 내 아버지. 재산이라고는 단돈 4만 원과 보리쌀 3포대, 쌀 1포대가 전부였다. 나는 아버지의 이야기를 들으며 그날 모습이 그려져 자꾸만 눈시울이 붉어졌다. 세간살이와 함께 자식들을 데리고 버스를 타셨을 아버지. 그때 마음은 어땠을까? 직장이 있는 것도 아니었다. 갈 곳은 며칠 전에 먼저 광주로 올라와서 잡아놓은 방 한 칸뿐이었다. 가져온 4만 원을 방값으로 주고 나니 수중에 돈 한 푼이 없었다는 아버지. 1939년생인 아버지는 가난과 전쟁, 시대의 격랑 속에서 살아남았다. 농사로는 자식들에게 배움의 기회를 줄 수 없다고 믿었던 그는, 익숙한 터전을 버리고 도시라는 낯선 공간으로 우리 가족을 이끌었다.

아버지는 기술을 배워야겠다는 생각에 배관설비 현장을 따라다녔다. 하지만 기술이 없으니 하루 일당이 거의 없었다. 이대로는 온 가족이 굶어 죽겠다 싶어 연탄공장에 취업했다. 새벽 4시에 출근해서 자정에 퇴근했다. 꼬박 20시간 일을 하고 받은 일당이 800원이었다. 아버지는 연탄공장을 4개월 만에 관두셨다. 건강이 악화하여 더 이상 다닐 수가 없었다. 그 이후 아버지가 시작하신 일이 보일러 설비였다. 평생을 노동자로 사셨던 아버지는 그 일로 자식 넷을 대학까지 보냈다.

 나는 그런 아버지의 발자취 속에서 자랐다. 새벽마다 자전거를 끌고 나가시던 아버지. 혼자 고생하시는 아버지를 볼 수 없어 때로는 공사장에서, 때로는 전단을 돌리며 갖은 부업을 하셨던 어머니. 부모님은 일을 하러 가시면서 나에게 동생들을 보라고 하셨다. 나는 동생들을 돌보는 법을 몰랐다. 방문을 열면 바로 앞이 도랑이었다. 2살이었던 여동생은 그 도랑에 자꾸 떨어졌다. 내 키는 도랑에 빠진 동생을 끄집어 올리기에는 너무 작았다. 시커먼 물이 흐르는 도랑 속에서 동생도 울고 나도 울었던 그 집. 연탄가스 중독에 걸려 실려 갔던 기억들이 어제 일처럼 또렷한 그곳. 내가 국민학교 3학년까지 그곳에서 우리 가족은 살았다. 부엌이 딸린 방 한 칸에서 다섯 식구가 여섯으로 늘었다. 지금은 병원장이 된 막내가 거기서 태어났다.
 이야기를 들으며 자꾸 코끝이 찡해진 나는 아버지에게 농담을 던졌다.
 "울 아버지 출세하셨네, 하셨어. 시골에서 4만 원 가지고 올라오셔서 동장님 큰아들에 병원장 막내아들, 공무원 정년퇴직하고 작가로 살고 있는 큰딸에, 전문직 막내딸, 대기업 임원 사위까지 두셨으니, 원도 한도 없으시겠네."

내 말에 아버지는 "이놈의 자식, 아비를 놀리네."라고 하시면서도 "니들 덕분에 어디 가서도 기죽지 않고 살았다."라고 하신다.

부모님의 희생 속에서 나는 386세대로 자랐다. 4만 원과 보리쌀 3포대, 쌀 1포대로 시작된 부모님의 이야기는 386세대를 넘어 686세대가 된 내게 남은 과제를 깨닫게 한 원동력이다. 이제는 내가 다음 세대를 위해 보따리를 열어줄 차례다. 686세대가 된 나를 넘어 그 뒤에 이어질 세대를 위해.

유년의 방, 내가 살던 고향은

"무슨 애가 쥐새끼보다도 더 작다냐?"

내 어머니가 나를 낳은 후 처음 들었던 말이었다. 나는 1964년 설 명절 다음 날 밤 스물세 살 어머니의 뱃속에서 이 세상으로 나왔다. 내가 태어난 곳은 4대가 함께 살던 초가 곳간 옆 방이었다. 증조할아버지와 증조할머니, 할아버지와 할머니, 큰아버지와 큰어머니, 삼촌, 고모, 사촌오빠들까지 대가족이 살았던 그 시절.

어려서 몸이 약해 잔병치레가 잦았던 나를 보고 어머니는 늘 미안해하셨다.

"층층시하 눈치를 보느라 열 달 내내 입덧이 심했써야. 제대로 먹지를 못해서. 배 속에 있을 때 내가 못 먹었쓴 게 니가 당연히 쬐간하게 나올 수밖에 없었는디, 너를 낳자마자 쥐새끼보다 작다고. 그 말이 서운해서 어찌나 눈물이 나던지."

　내가 아플 때마다 어머니한테 이 말을 어찌나 들었던지, 토씨 하나 안 틀리고 머릿속에 새겨졌다. 그 말속에는 병치레가 잦은 나에 대한 어머니의 미안함과 사랑이 들어 있었다.

　친척들이 집성촌을 이루며 살았던 1960년대 설 명절. 설날이 되기 전부터 음식을 하느라 큰어머니와 어머니는 한 시도 엉덩이를 바닥에 댈 틈이 없었다. 산달이었던 어머니는 명절 전날부터 슬슬 배가 아팠다. 층층시하 어른을 모시고 살았던 어머니는 아프다고 말할 수 없었다. 배 속에 있는 나를 달래며 명절 준비를 했다. 명절날이면 종갓집이라 일가친척들이 세배하러 모여들었다. 하루에도 몇 번씩 상을 차리고 치우기를 반복했다. 통증은 갈수록 심해졌으나 어머니는 그것이 산통인지 알지 못했다. 명절을 넘기고 다음 날이 되자 통증은 더 심해졌다. 어머니가 통증을 호소하자 산실이 차려졌다. 그곳은 곳간 옆방이었다. 새벽부터 시작된 산통은 밤 8시가 넘어서야 끝이 났다. 나는 그렇게 설 명절 다음 날 밤에 태어났다.

　내가 태어난 후 부모님은 분가하셨다. 할아버지 집 마당에서 고개를 들면 보이는 지척으로. 논일과 밭일이 아니면 먹고살 것이 없었던 그곳에서 농사일은 주로 어머니 몫이었다. 네 살 때 천자문을 달달 외울 정도로 천재 소리를 들으셨던 아버지는 농사를 짓거나 몸을 쓰는 일에는 서툴렀다. 반면에 외가는 부농이었다. 머슴을 두고 살았던 외가에서 어려서부터 논일과 밭일을 거들었던 어머니는 아버지보다 일을 잘하셨다.

아버지 하루 일과는 새벽에 깬 나를 등에 업고 동네를 마실 다니는 것이었다. 나중에 커서 내가 반항하거나, 짜증을 부릴 때면 "느그 아부지가 너를 어떻게 키웠는지 아냐? 아부지가 새벽마다 너를 등에 업고." 그건 단골말이었다. 거기에 잊지 않고 덧붙인 것이 있었다.

"니 이름을 누가 지었는지 아냐? 내가 지엇써야. 라디오에서 연속극이 나온디 그 주인공이 명숙이엇서야. 딸을 나면 꼭 그 이름으로 지어야지 했제. 어찌나 좋던지."

그렇게 나는 1964년생 명숙이가 되었다.

내가 유년에 살았던 초가 바로 앞에는 둑이 있었다. 마당은 넓었다. 지붕 위로는 볏짚이 두껍게 엮여 있었다. 마당 한쪽에는 장독대가 줄지어 서 있었다. 대청마루 처마 밑에 길게 이은 줄에는 곶감과 무잎이 늘어서 있었다. 새벽이면 어김없이 닭 울음소리에 잠이 깼다. 겨울이면 아버지는 마당에서 장작을 패셨다. 어머니는 가마솥이 있는 아궁이에 쭈그려 앉아 불을 지펴 아침을 준비하셨다. 불길이 퍼지면 방 아랫목은 불에 덴 것처럼 뜨거웠다. 동생과 나는 몸을 둥그렇게 말아 차가운 곳을 찾아 데굴데굴 굴러다녔다.

겨울 아침이면 방 안 가득 퍼지던 장작 냄새는 지금도 내 기억 속에 남아 있다. 이불 밖은 추웠다. 문 틈새로 들어온 찬 공기가 볼을 스치면 솜이불을 머리끝까지 둘러썼다. 여름이면 냇가에서 개구리 수영을 하면서 놀았다. 맨발로 마당을 뛰어다녔다. 큰 딸이었던 나는 고무신도, 옷도 새것이었다.

자식이 셋이 되자 아버지도 농사 일을 하실 수밖에 없었다. 남동생과 나를 집에 두고 갓 태어난 여동생을 등에 업고 논밭 일을 하러 다니셨다. 모내기 철이 되면 동네 사람들이 모여 돌아가면서 품앗이 했다. 농사는 어느 한 집의 일이 아니라 마을 공동체 것이었다. 천재 소리를 들으셨던 아버지는 농사꾼이 되었지만, 현실은 남루했다.

마을풍경은 계절에 따라 달라졌다. 봄이면 들판 가득 꽃이 피었다. 여름이면 논밭이 푸르게 물들었다. 가을이면 황금빛 벼 이삭이 바람에 흔들렸다. 겨울이면 몽실몽실한 눈이 마을을 덮었다. 그 모든 풍경은 나의 유년 시절을 아름답게 수놓았지만, 자식 셋을 둔 부모님의 형편은 나아지지 않았다.

그렇게 1964년부터 1970년까지 시간은 흘러갔다. 가난하고 부족한 것투성이였지만 부모님의 사랑만큼은 차고 넘쳤던 그곳. 내 유년 시절을 지탱해 준 고향은 더 이상 부모님에게는 희망을 꿈꿀 수 있는 장소가 되지 못했다. 여섯 살까지 내가 살았던 고향. 비록 기억은 희미하지만, 그 시절 온기는 여전히 내 무의식에 남아 나를 성장시킨 뿌리가 되었다.

도시로 이사 온, 첫 설 명절의 기억

"오메, 오메, 이를 어쩐다냐?"

어머니는 "아이쿠" 대신에 "오메, 오메, 이를 어쩐다냐?"라는 말을 먼저 하셨다. 빙판이 되어 버린 눈길 위에는 넘어진 어머니와 쏟아진 쌀, 양은 대야가 흩어져 있었다. 그것은 순식간에 일어난 일이었다. 오늘처럼 눈이 사선으로 흩날리던 내 여덟 살 구정 전날이었다.

그해 겨울은 유난히 추웠다. 대야에 가득 받아놓은 수돗물에는 두꺼운 얼음이 늘 끼어 있었다. 창문은 하얗게 얼어붙었다. 연탄불이 꺼지지 않도록 새벽마다 연탄재를 털던 어머니의 모습이 지금도 눈에 선하다. 설 명절을 앞두고 대설이 내려 시골로 가는 길이 막혀 버렸다. 어머니는 "떡국은 꼭 먹어야 한다."라며 동네 가게에서 쌀 한 되를 사 오셨다. 떡국을 만들려면 쌀을 방앗간으로 가지고 가야 했다. 물에 불린 쌀을 양은 대야에 담고 방앗간으로 향하는 엄마의 손길은 분주했다.

"춥다, 오지 말고 집에 있어."

추우니 오지 말라는 어머니를 따라나섰다. 방앗간에서 쌀이 가래떡이 되어 나오는 모습은 늘 신기했다. 마치 기계가 마법을 부린 것처럼, 가래떡은 모락모락 수증기를 타고 내려왔다. 그 모습을 볼 생각에 신이 난 나에게 추위는 아무것도 아니었다. 어머니와 나는 빙판이 되어 버린 길 위에서 비틀거렸다. 빙판길보다 신발이 더 미끄러웠다. 어머니는 행여나 내가 넘어질까 걱정해 한 손으로는 내 손을, 한 손으로는 쌀이 든 양은 대야를 들고 계셨다. 그건 순간이었다. 어머니가 넘어지신 것은.

손을 떠난 양은 대야에서 쌀알이 쏟아졌다. 눈밭 위로 하얀 쌀이 흩어졌다. 순간 숨이 멎는 듯했다. 어머니는 부랴부랴 쌀부터 주우셨다.

"오메, 오메, 떡국 쑬 것인디."

어머니는 떨어진 쌀을 빨갛게 언 손으로 조심스럽게 쓸어 담았다. 쌀알 사이사이로 눈이 섞여 들어가는 게 보였다. 나는 어머니 눈가에 고드름이 맺힐까 무서웠다. 울컥하는 마음을 꾹 누르며 어머니를 따라 쌀을 주웠다. 대야에 담긴 쌀은 원래의 반도 되지 않았다.

하늘에서는 쌀보다 더 흰 눈이 내렸다. 어머니는 소매 끝으로 얼굴을 닦고 "이거라도 가지고 가자."라며 자리에서 일어나셨다. 나는 그날 어머니에게 묻지 못했다. "엄마, 안 다쳤어?"라고.

방앗간에 도착한 어머니는 아무렇지도 않은 듯, 눈이 섞인 쌀을 씻으셨다. 기다리고 있던 동네 아주머니들과 웃으며 인사를 나누셨다. 조금 전까지 빙판길에 넘어져 손을 다친 어머니 모습은 그 어디에서도 찾아볼 수 없었다.

그날 밤, 어머니는 긴 가래떡을 떡국 끓일 크기로 써셨다. 설날 아침 새벽에 일어나 떡국을 끓이셨다. 미리 만들어 놓은 닭 장국 안에 떡을 넣으셨다. 진한 국물 속에서 하얀 떡이 동동 떠올랐다. 나는 한 입 떠먹으며 어머니를 바라보았다. 빨갛게 부어오른 손등이 거북이 등처럼 갈라져 있었다. 상에 빙 둘러앉아 떡국을 먹고 있는 우리를 바라보고 있는 어머니 얼굴은 웃고 계셨다.

70년대는 가난이 일상이었다. 무엇이 부족한지도 모를 만큼 모든 게 귀했다. 그에 비하면 지금은 모든 게 풍족하다. 하지만 우리는 그때와 다른 결핍을 말한다. 비록 모든 게 빠르고 편리해진 지금이지만 우리는 여전히 다른 결핍 속에 살고 있는지도 모른다.

그때나 지금이나 변하지 않는 것이 있다면, 바로 어머니 같은 사람이다. 추위와 가난 속에서도 웃으며 떡국을 끓여 내는 그 강인한 마음. 그것이 나를, 우리를 지탱해 주는 힘이다.

어느새 시간이 흘러, 이제는 언제든 떡국을 먹을 수 있는 시대가 되었다. 명절이 아니어도 마음만 먹으면 떡국을 끓일 수 있다. 나는 여전히 떡국을 보면 그날 풍경이 떠오른다. 함박눈이 흩날리던 겨울, 빙판길 위에 쏟아진 쌀, 빨갛게 언 손으로 쌀을 줍던 어머니. 닭 장국으로 끓인 떡국 한 그릇.

어머니는 지금도 종종 "오메, 오메, 이를 어쩐다냐?"라고 말씀하신다. 나는 안다. 이 말이 멈춤이 아니라는 것을. 어떤 상황에서도 다시 일어나 쌀을 주워 담고, 웃으며 떡국을 끓이던 어머니처럼, 삶이란 결국 어떻게든 다시 이어지는 것임을. 그 안에서 우리는 또다시 웃을 수 있음을.

올해 설 명절 아침 풍경 속에는 1970년대 그날, 떡국이 있었다.

연탄불과 도시락에 깃든 사랑

　겨울이 되기 전 부모님이 제일 먼저 하시는 일이 있었다. 그것은 손수레 가득 연탄을 실어 나르는 것이었다. 연탄이 집 앞에 도착하면 온 집안 식구가 동원되어 연탄을 날랐다.
　"깨지면 안 되니 오지 말아라."라고 부모님은 말씀하셨지만, 연탄을 나르는 것이 재미있었다. 부모님도 나도 동생들도 얼굴과 손에 연탄 범벅이 되었다. 우리는 그 모습을 바라보면서 깔깔거렸다. 웃으면서 하나씩 나르다 보면 부엌으로 들어가는 벽에 부모님 키보다 더 높이 연탄이 쌓였다. 연탄 더미는 작은 성벽처럼 보였다. 숨바꼭질할 때면 쌓아놓은 연탄 옆에 생긴 작은 틈으로 숨었다. 아무도 못 찾을 거라 여겼지만 그 장소는 나뿐만 아니라 우리가 모두 좋아하는 곳이었다. 까만 연탄이 옷에 묻을까 봐 늘 조심했지만, 숨바꼭질이 끝나고 나면 어김없이 시커먼 연탄이 옷 곳곳에 묻었다. 부모님은 연탄이 넉넉하게 있다는 것만으로도 겨울 걱정이 덜어진다고 하셨다.

어머니는 행여나 불이 꺼지지 않도록 새벽에 일어나 연탄을 가셨다. 시간이 늦어 불이 꺼지면 번개탄을 그 위에 올리셨다. 그러고도 불길이 약해지면 신문지를 둥글게 말아 불씨를 붙이셨다. 연탄이 화덕에 들어가면 방 안은 점점 따뜻해졌다. 방바닥을 타고 전해지는 온기를 느끼며 상에 둘러앉아 밥을 먹었다. 이불을 덮고 잠을 잤다. 방 한 칸은 침실이자 식탁이자 공부방이었다.

어머니는 연탄불 위에 철망을 깔고 시골에서 가져온 고구마를 구워 주기도 하셨다. 까맣게 타버린 고구마를 벗기면 그 안에서 노랗게 익은 고구마 속살이 드러났다. 김이 모락모락 나는 고구마를 후후 불며 한입 베어 물면 입안 가득 달콤한 맛이 퍼졌다. 손가락 끝에 그을음이 묻어도 누구 하나 개의치 않았다. 어쩌다 연탄불에 석쇠를 올리고 구워 주는 돼지고기 맛은 무어라 표현할 수 없었다. 연탄불 위에서 태어난 음식들은 모두 특별한 맛이 났다.

노랗게 반짝반짝 윤이 나는 도시락도 늘 연탄불 위에 올려져 있었다. 아버지는 새벽이면 단 하루도 빠짐없이 일을 하러 가셨다. 어머니는 아버지보다 먼저 일어나 아침 식사를 준비하셨다. 아버지가 아침을 드시고 일을 하러 가시면 어머니는 우리 도시락을 싸서 철망을 깐 연탄불 위에 올려놓으셨다. 그것을 품에 안고 학교 가는 길, 겨울바람 속에서도 손은 따뜻했다.

학교 가면 제일 먼저 교실 뒤편 연탄난로 위에 도시락을 올려놓았다. 금빛 철제 도시락 뚜껑을 열면 김이 모락모락 올라왔다. 밥을 다 먹고 난 후 눌어붙은 누룽지는 꿀맛이었다. 반찬이 변변치 않아도, 친구들과 함께 먹은 따뜻한 밥 한 끼는 위로였다.

연탄불은 온기이자 위험하기도 했다. 라디오에서는 연탄가스 중독으로 사망했다는 뉴스가 수시로 나왔다. 동네 누구도 연탄가스 중독으로 고생했다더라고 말씀하시며 아버지와 어머니는 새는 곳이 없는지 늘 점검하셨다. 가끔 연탄가스가 새어 나오면, 어머니는 황급히 문을 열었다. "연탄가스 마시면 큰일 난다."라는 말을 듣고 겁이 나기도 했지만 들을 때뿐이었다. 그렇게 조심했지만, 온 가족이 연탄가스에 중독되기도 했다. 동치미 국물을 먹어야 한다며, 얼음이 동동 뜬 국물을 먹었던 기억이 지금도 또렷하다. 나는 따뜻한 방바닥에 누워 뒹굴뒹굴하며 상상하길 좋아했다. 상상 속에서 책 속에 주인공이 되었다. 한겨울, 방문을 꼭 닫고 온돌방에 앉아 있으면 세상 어디에도 없는 포근함이 우리를 감싸주었다.

그때 그 시절, 연탄은 우리 집의 중심이었다. 가족을 모이게 하는 따뜻한 불씨였다. 방바닥이 따뜻해지면 온 가족이 모여 앉아 이야기를 나누었다. 노동에 지친 아버지가 연탄불에 따뜻하게 데운 물로 씻고 들어오셔서 도란도란 이야기를 나누던 곳. 겨울에도 돈벌이가 될 만한 부업거리를 들고 방 안에 앉아 일을 하시던 어머니. 그때 그 풍경이 오늘처럼 소리 없이 눈이 내리는 날이면 생생하게 떠오른다.

연탄불의 온기가 식어갈 때면, 집 안은 점점 차가워졌다. 우리는 어머니가 시집올 때 해 왔다는 두툼한 솜이불을 머리끝까지 둘러쓰고 그 안에서 장난을 쳤다. 그 사이 어머니는 연탄불을 조절하며 가족이 따뜻한 밤을 보낼 수 있도록 하셨다. 깊은 밤이면 차가운 방 안 공기에 코끝이 빨개졌지만, 방바닥은 뜨거웠다. 나는 그것만으로도 마음이 편안했다.

이제는 연탄을 쓰는 집은 찾아보기 힘들다. 연탄불로 고기를 구워 주는 식당을 보면 그 시절이 떠오른다. 연탄 속에 들어 있던 따뜻함과 그 위에서 익어가던 고구마와 김이 모락모락 나던 도시락, 무엇보다도 가족이 모여 앉아 나누던 이야기들. 비록 넉넉하지는 않았지만, 연탄불이 주는 온기 속에는 아버지와 어머니의 사랑이 있었다. 그 온기는 지금도 내 가슴속 깊이 남아 있다. 오늘처럼 온 세상이 하얗게 눈으로 뒤덮인 날이면 문득 1970년 그 시절이 그리워진다.

재래식 화장실과 약장수 아저씨

우리가 두 번째로 이사를 간 집은 골목길이 끝나는 곳에 있었다. 첫 번째 집이 골목 초입에 있었다면 두 번째 집은 골목 안쪽이었다. 방이 두 개였다. 도랑 위에는 나무로 만든 다리가 있었다. 다리를 건너야 대문이 나왔다. 문을 열고 들어가면 오른쪽에는 화장실이, 왼쪽에는 수돗가와 그 위에 장독대가 있었다. 그 집에서 세 가족이 살았다. 주인집 할머니와 아들 내외, 우리 가족 여섯 명과 공장을 다녔던 아저씨였다.

재래식이었던 화장실은 늘 넘쳤다. 겨울이면 꽁꽁 얼어 무덤처럼 올라왔다. 여름이면 구더기가 화장실 밖까지 나와서 기어다녔다. 하얗게 꿈틀거리던 그 모습을 볼 때마다 기겁했다. 아침에 기어다니던 구더기는 오후가 되면 바싹 말라서 사람 발길에 바스러졌다. 그것은 여름이 끝날 때까지 이어졌다. 다음 해 여름이 되면 어김없이 다시 나타났다. 나는 여름마다 변비에 시달렸다. 그 기억은 너무 강해 지금도 화장실을 기어다니는 구더기가 나오는 꿈에 소스라치게 놀라 깨기도 한다. 화장실에 대한 기억은 세 번째로 살던 집까지 이어졌다. 그나마 깔끔한 화장실을 갖게 된 것은 아버지가 집을 산 이후였다. 우리 집이 생긴 후에야 나는 화장실 공포에서 벗어났다.

또 하나 기억은 해마다 찾아온 약장수였다. 1970년대 한여름 뙤약볕이 슬그머니 꼬리를 감추던 초저녁. "둥둥둥" 울린 북소리는 내 호기심을 자극했다. 그는 북을 등에 지고, 손에는 낡은 스피커와 마이크를 쥐고 있었다. 걸음을 옮길 때마다 북소리도 따라 울렸다.

"할아버지, 할머니, 형님, 누님, 얘들도 이거 하나만 잡숴봐. 귀신도 쫓고 병도 고치는 신비한 약이 왔어요."

북소리 장단에 맞춘 그의 목소리에는 가락이 있었다. 약장사를 중심으로 공터에는 동그란 사람 원이 만들어졌다. 나는 앞자리를 차지하려고 쪼르르 달려갔다. 어른들과 아이들이 빙 둘러선 공터. 사람 숫자가 많아질수록 약장수의 목소리에는 흥이 넘쳤다.

치마가 발목까지 내려온 한복을 입은 여자가 '눈물 젖은 두만강',

'홍도야 울지마라', '목포의 눈물'을 부르고 나면 약장수는 주머니에서 병 하나를 꺼내 들었다. 그는 그걸 보물이라도 되는 듯 조심스레 흔들어 보였다.

"여기 허리 아픈 우리 어머니, 배앓이하는 아들, 이 약 잡숴봐. 이 약으로 말하면 만병통치약. 다리 아픈 것도, 머리 아픈 것도 다 낫게 해 줘."

약장수가 한 말 중에 내가 알아들을 수 있는 것은 이 정도였다. 그가 말할 때마다 웃음이 터졌다. 그럴수록 몸짓은 우스꽝스러웠다. 발걸음과 북소리가 한 몸이었다. 움직일 때마다 북소리가 크게 작게 빠르게 느리게 울렸다. 그의 몸짓은 어느새 거기에 있는 사람들의 시선을 사로잡았다. 각종 약병과 그릇, 화장지를 비롯한 다른 것들도 많이 있었는데 그것은 기억나지 않는다.

공터는 큰아버지 집 바로 아래에 있었다. 해마다 여름이 되면 나는 약장사를 기다렸다. 그곳에는 북소리와 사람들의 웃음소리, 땀 냄새가 뒤섞여 있었다. 약장수는 그렇게 한바탕 공연을 끝낸 후, 약을 팔고 떠났다. 남은 건 공터 여기저기에 널려 있는 쓰레기와 호기심 많은 아이의 반짝이는 눈빛이었다. 내가 가장 좋아했던 공연은 피에로가 공중제비하는 것이었다. 그것은 내가 아무리 따라 하려고 해도 할 수 없는 행동이었다. 그날 약장사가 팔았던 약이 무엇이었는지 잊어버렸지만 지금도 또렷이 기억난 것은 회충약이었다. 배

속에 회충이 있으면 키도 크지 않고, 밥을 아무리 먹어도 살이 찌지 않으니 꼭 사서 아이들에게 먹이라는 말에 부모들이 하나둘 그 약을 샀다. 그 약을 먹으면 내일 아침이면 바로 회충이 빠져나온다는 말을 철석같이 믿으며.

약장사가 다녀간 후 다음 날부터 사나흘 간 동네 골목 이곳저곳에 똥이 있었다. 골목 끝 집인 나는 그것을 피해 한쪽에 바싹 붙어서 걸었다. 고개를 하늘로 치켜들고 걸었지만 안 보려고 하면 할수록 내 눈에 들어왔다. 때로는 약장사 말대로 기다란 회충이 있기도 했다. 그것을 보고 난 후면 나는 또 변비에 시달렸다. 화장실을 간다는 것이 공포였다.

이제는 재래식 화장실도, 북을 메고 공연하던 약장사도 보기 힘든 세상이 되었다. 나는 지금도 둥둥둥 울리는 북소리를 들으면 심장이 뛴다. 그 소리는 호기심이자 모험이었다. 그 북소리에는 세대를 뛰어넘은 가락이 있었다.

골목길은 최고의 놀이터

1970년대 도시 골목길, 그곳은 최고의 놀이터였다.

사시사철 우리는 그곳에서 놀았다. 한쪽에 도랑이 있었던 길은 동생과 내가 손을 잡고 나란히 걸으면 꽉 찼다. 좁은 길가에 빼곡히 들어선 집들 사이로 흙먼지가 날렸다. 어떤 아이들은 맨발로, 어떤 아이는 고무신을 신고 거리를 누볐다. 놀이터도 놀거리도 없던 시절, 도시 골목길은 유일한 놀이터였다. 흙바닥 위에 나뭇가지로 선을 긋고 딱지를 치던 시간, 작은 구슬을 손바닥에 올려놓고 굴리던 순간, 우리는 세상을 다 가진 듯했다. 그곳에서 땅따먹기, 말뚝박기, 고무줄놀이, 술래잡기, 제기차기, 구슬치기 등 헤아릴 수 없이 많은 놀이를 했다. 골목길은 우리의 터전이었다. 온종일 뛰어놀아도 집에 들어와서 숙제하라는 말이 없었다. 그러기 전에 이미 해 버린 것도 있었지만, 그저 신나게 노는 것이 전부였다. 여럿이 줄넘기할 때면 줄넘기 줄을 서너 개씩 묶었다. 양옆에서 "하나, 둘, 셋!"하고 외치는 소리에 맞춰 우리는 줄로 뛰어들었다. 줄에 걸려 넘어진 아이, 줄을 가뿐히 넘은 아이, 종종걸음으로 뛰어드는 아이들의 얼굴에는 늘 웃음이 가득했다. 맨발로, 또는 구멍 난 고무신을 신고도 골목길을 달릴 수 있었던 우리는 가장 자유로운 존재들이었다.

비가 오는 날이면 우산도 없이 밖으로 나갔다. 골목길에 생긴 크고 작은 구멍은 웅덩이가 되었다. 맨발로 흙탕물을 첨벙이며 놀았다. 빗물이 고인 웅덩이가 크고 깊을수록 물장구치기에 좋았다. 옷이 흠뻑 젖어 매번 엄마에게 야단을 맞았지만, 그것이 우리의 놀이를 멈추게 할 수는 없었다. 지금도 비가 오는 날이면 어김없이 밖으로 나간다. 내 안에 저장된 어릴 때 기억이 나를 빗속으로 이끌고 있음을 느낀다.

그 시절 옆집 대문은 언제나 활짝 열려 있었다. 동네 아이들은 이 집, 저 집을 자유롭게 드나들었다. 좁은 마당에 줄을 쳐 널어놓은 빨랫줄 사이를 이리저리 오가며 숨바꼭질했다. 우리 집으로 들어오기 전 골목 위에 있던 구멍가게에서는 문이 닫혀 있을 때만 빼고 늘 라디오 소리가 흘러나왔다. 그 앞에는 나무로 된 평상이 있었다. 그곳은 동네 사람들의 모임 장소였다. 할아버지, 할머니, 아저씨, 아주머니, 아이 할 것 없이 항상 사람들이 자리하고 있었다. 그곳은 어른들이 술을 마시는 곳이자 동네 아주머니들이 모여 명태껍질을 벗기거나 마늘껍질을 까기도 했던 장소였다. 어른들이 술을 마시고 있으면 십중팔구 과자를 얻어먹을 수 있었다.

내가 자란 도시 빈민가 골목은 우리가 뛰놀며 성장했던 곳이자, 희로애락을 나누던 작은 세상이었다. 놀면서 싸우기도 했지만 금방 화해했다. 누군가 넘어지면 모두가 달려가 손을 내밀었다. 무릎이 깨져 울면서 집으로 돌아간 아이도 바로 돌아와 웃으며 뛰어놀던 골목길. 시간이 흐르고, 이제는 추억 속에만 존재하는 그 시절 골목길. 빽빽이 들어선 건물, 아스팔트로 덮인 거리에서 때때로 나는 어린 시절 골목길을 그리워한다. 가난했지만, 그 속에서 따뜻한 유년 시절을 보냈다. 물질적으로 풍족하지는 않았으나 마음만은 누구보다 부자였다. 행복이 무엇인지 몰랐지만, 그저 즐거웠던 시절. 어찌 보면 부족한 속에서도 행복을 찾는 법을 알았던 시절이었다. 우리는 서로 기대며 자랐다. 작은 기쁨에도 크게 웃을 줄 알았다.

이제 가까운 기억보다 먼 추억이 더 또렷해진 나이가 되어 그 시절을 떠올려 본다. 여름이면 까맣게 탄 얼굴, 겨울이면 흘러내리던 콧물을 손등으로 닦으며 뛰어놀던 아이들, 라디오에서 흘러나오던 음악과 저녁밥 짓는 냄새까지. 그 모든 게 지금의 나를 만든 기억이자, 소중한 유산이다. 그때 그 아이가 이제 686이 되어 지금을 살고 있다.

검정 고무신에서 운동화로

국민학교 들어가기 전까지 내가 신었던 신발은 검정 고무신이었다. 사계절 내 발을 감싸주던 고무신은 비가 오거나 눈이 오면 미끄러웠다. 한 여름이면 발바닥이 불에 덴 것처럼 뜨거웠다. 좁은 골목길에서 뛰어놀 때도, 동네 산을 휘젓고 다닐 때도 늘 검정 고무신을 신고 있었다.

어느 날, 어머니가 하얀 운동화를 사 오셨다. 고무신만 신었던 발에 운동화를 신은 순간 발등을 꼭 감싸는 운동화는 신세계였다.

"와, 운동화가 이런 거구나." 고무신보다는 무거웠지만 그 자체로 좋았다. 운동화는 내 발보다 늘 컸다. 일 년이 지나야 내 발에 맞았다. 우리 동네에서 나와 동생들은 다른 집 아이들보다 운동화를 가장 빨리 신었다. 운동화를 신은 내 발을 부러워한 아이도 있었다.

고무신만 신던 도시 빈민가에 운동화가 등장한 것만으로도 아이들에게는 호기심의 대상이었다. 나는 그때 당시 동네 아이들이 누릴 수 없는 호사를 누렸다.

⁓

1970년대 산업화가 본격적으로 진행되면서 보일러를 설치하는 집이 늘어났다. 아버지는 그만큼 바빠졌다. 어머니 부업거리도 끊일 새가 없었다. 가정경제는 차츰 나아졌다. 그것은 우리 집뿐만 아니었다. 그 결과, 아이들의 신발도 변하기 시작했다. 검정 고무신을 신던 동네 아이들이 점점 운동화를 신기 시작했다. 어느 순간 동네에서 고무신이 사라졌다. 검정 고무신을 벗고 운동화를 신는다는 것은 또 다른 시대의 변화였다.

운동화는 시대가 바뀌고 있다는 증거였다. 내가 검정 고무신을 벗고 운동화를 신던 그 시절, 세상은 빠르게 변하고 있었다. 흙길이었던 골목길에 아스팔트가 깔리기 시작했다. 먼지 날리던 흙길이 포장되었다. 고무신이 아닌 운동화를 신고 달렸다.

⁓

우리 동네 몇 군데 집에 텔레비전이 들어왔다. 레슬링 경기가 열리는 날이면 온 동네 어른과 아이들이 좁은 마당에 모여 텔레비전을 봤다. 행여나 김일 선수가 넘어져 있으면 여기저기서 탄식이 터졌다. 김일 선수의 무기인 박치기를 외쳤다. 그 소리를 들은 것처럼 넘어져 있던 김일 선수는 벌떡 일어나 박치기했다. 어린 시절 김일 선수가 나오는 레슬링은 최고의 경기였다. 그 무렵 라디오와 텔레비전에서는 '잘 살아보세'라는 구호가 하루에도 여러 번 흘러나왔다.

~

운동화를 신게 되면서 내 삶도 달라졌다. 고무신을 신었을 때는 비가 오나 눈이 오나 골목길에 나가 뛰어놀면 되었다. 아무리 젖어도 수돗물이나 빗물에 씻으면 그만이었다. 운동화는 그것이 아니었다. 새 운동화를 신으면 너무 아까워서 나가지 못하는 날도 있었다. 신발을 아껴야 한다는 생각에 조심조심 걸었던 기억이 있다. 운동화가 보편화되면서 학교에서도 운동화를 신는 아이들이 늘어났다. 검정 고무신은 점점 사라졌다. 시대가 변하고, 우리도 변하고 있었다. 돌이켜보면 검정 고무신에서 운동화로 바뀐 건 큰 변화였다. 그때는 몰랐다. 내 발에서 검정 고무신이 사라진 것이 한 시대를 마감하는 상징이었다는 것을.

~

퇴직 후 황톳길을 맨발로 걷다, 산 길목에 가지런히 놓인 고무신을 봤다. 어린 시절 신었던 검정 고무신, 흰 고무신이 아닌 꽃무늬가 그려진 고무신. 그것을 보면서 어린 시절 나를 떠올렸다. 골목길을 달리던 나, 그 신을 벗어 던지고 운동화를 신었던 나. 신발은 변하고, 내 나이테에도 무수히 많은 선이 그어졌지만, 여전히 길을 걸어가고 있다.

이제 또 다른 변화를 마주하고 있다. 과거 운동화를 신으며 새로운 시대를 맞이했던 것처럼, 지금은 더 빠르게, 더 새롭게 변화는 세상을 살아가고 있다. 변하지 않는 것이 있다면, 내 의지다. 어떤 신발을 신든 앞으로 나아가려는.

라디오와 만화책이 열어준 세상

내 어릴 적 추억 한 페이지를 장식했던 것은 라디오와 만화책이었다. 우리 집 안방구석에는 항상 라디오가 있었다. 흑백 텔레비전을 사기 전까지 라디오는 친구였다. 거기서 흘러나오는 뉴스와 음악, 드라마는 또 다른 세계였다. TV가 귀하던 시절, 라디오는 세상과 소통하는 창문이자 유일한 통로였다.

라디오를 듣고 있으면 심심할 틈이 없었다. 스피커에서 들리는 진행자의 목소리는 내 상상력을 자극했다. 라디오에서 흘러오는 음악을 들으며 베토벤과 모차르트, 쇼팽을 알았다. ABBA의 Dancing Queen, Eagles의 Hotel California, 비틀즈, 존 레논, 퀸 음악을 라디오에서 들었다. 라디오에서 들리는 모든 게 머릿속에서 장면으로 펼쳐졌다. 천둥소리, 물이 흘러내리는 소리, 파도 소리, 새가 하늘을 나는 모습이 라디오에서 내 머릿속 상상으로 넘어왔다. 마치 내가 그 이야기 속 주인공이 된 듯 빠져들었다. 라디오에서 드라마 시간이 되면 온 가족이 그 소리에 집중했다. 여름에는 방바닥에 누워, 겨울이면 솜이불을 둘러쓰고 귀를 쫑긋 세웠다. 주인공이 위기에 빠지면 '오메, 어쩌거나.' '안돼, 안돼.'를 외쳤다. 해피엔딩이면 '야호!' 환호했다. 라디오는 그냥 소리가 아니었다. 내 감정을 움직였다. 세상을 꿈꾸게 하는 마법 같은 존재였다.

그 시절, 또 하나의 추억은 만화책과 잡지였다. 로봇 태권V, 마루치 아라치, 거벙이, 도전자 허리케인, 아기공룡 둘리, 공포의 외인구단은 물론 소년중앙, 어깨동무, 보물섬은 대유행이었다. 누군가가 빌려온 만화책을 돌려가면서 읽었다. 그것을 가지고 있는 사람은 인기가 좋았다. 특히, '태권브이' 인기는 선풍적이었다. 만화 속 주인공이 악당을 물리치고, 세상을 구하는 장면은 상상으로 이어졌다. 우리는 흙먼지가 풀풀 이는 골목에서 나무 막대를 들고 영웅 놀이를 했다. 로봇 장난감이 최고의 선물이기도 했다. 태권브이는 내 영웅이었다. 만화 속 주인공들은 용기와 희망을 심어주었다. 나도 언젠가 저런 멋진 사람이 되리라 꿈꾸게 했다.

특히 중학교 때 텔레비전에 나왔던 '내 이름은 캔디'는 내 또래

소녀들 가슴에 테리우스 열풍을 앓게 했다. 중학교 3학년 야간자율학습 시간에 '내 이름은 캔디'를 보려고 학교 담을 넘다 들킨 적도 있었다. 반 부실장이자 담임의 총애를 받았던 나를 친구들이 꼬드겼다. 나랑 같이 학교 담을 넘으면 덜 혼날 거라며. 물론 친구들의 꼬드김도 있었지만, 그보다 테리우스를 보고 싶은 마음이 우선이었다. 테리우스를 볼 수 있다면 벌 받는 것쯤은 아무것도 아니었다. 담을 넘다 들킨 우리는 교실 뒤에서 손을 들고 벌을 서기도 했다. 그러면서도 우리는 깔깔거렸다. 우리에게는 테리우스가 있었으니까. 학교에서 선생님 몰래 만화책을 돌아가면서 보는 재미는 이루 말할 수 없었다. 테리우스는 우리의 우상이었다. 세상에 모든 남자가 테리우스처럼 멋진 줄 알았던 시절. 부모님과 선생님은 "만화책만 보지 말고 공부도 좀 해라." 하셨지만, 나는 그 안에서 세상을 배우고 있었다.

라디오와 만화책에 빠져 살았던 그때 그 시절. 라디오를 들으며 머릿속으로 상상했다. 만화책을 읽으며 나만의 세계 속으로 빠져들었다. 상상의 나래를 펼쳤던 그 시절, 그 속에서 나는 어디든 갈 수 있었고, 무엇이든 될 수 있었다.

이제는 손끝 하나로 모든 정보를 찾아볼 수 있는 세상이 되었다. 스마트폰과 인터넷이 지배하는 시대. AI가 명령어만 내리면 원하는 정보를 찾아주는 시대. 삶은 그만큼 편리해졌지만 내 근원은 그 시절 라디오가 들려주던 상상의 세계, 만화책 한 권에 빠져들었던 그 시간 속에 있다. 눈으로 직접 볼 수 없었기에 더 생생했던 이야기들 속에서 우리는 꿈꾸었고, 나만의 세계를 만들어 갔다. 유년에 텔레비전이 흔치 않던 때를 보냈지만, 귀로 듣고 머릿속으로 상상하는 법을 배웠다. 만화책 한 장 한 장을 넘기며 이야기로 들어가는 즐거움을 알았다. 어쩌면 그때의 경험들이 쌓여 지금의 나를 만든 것은 아닐까.

지금도 나는 눈을 뜨면 라디오를 켠다. 영상보다는 라디오에서 흘러나오는 음악과 음성이 귀에 더 쏙쏙 들어온다. 가끔 라디오에서 옛 노래가 흘러나오면, 그 시절이 떠오른다. 라디오에 청취자 전화 연결 시간이 되면 전화기 앞에 앉아 다이얼을 돌리던 그 시절 내가, 예순이 넘어 라디오에 귀를 기울이고 있다. 라디오와 만화책이 만들어 준 그 따뜻한 시간은 여전히 소중한 추억으로 가슴 한편에 남아 있다.

동네 사람 모두가 친구였던 시대

　4대가 살던 터전을 떠나 부모님이 자리를 잡은 곳은 토착민이 거의 없는 달동네였다. 그곳에 살았던 사람들은 거의 우리와 같았다. 고향을 떠나 집값이 싼 곳으로 찾아든 사람들. 내가 살던 동네는 버스가 다니는 곳에서 한참을 걸어 도착할 수 있는 산 아래에 있었다. 좁은 골목길을 따라 작은 집들이 다닥다닥 붙어 있는 소박했지만, 따뜻한 정과 나눔이 넘쳐난 곳이었다. 그 시절 가난은 누구에게나 공평했다. 하지만 배고픔은 누구에게도 허락되지 않았다. 동네 사람들은 한 가족처럼 서로를 챙겼다. 아이들은 이웃집을 자기 집처럼 드나들었다.

　골목에는 연탄불에서 올라오는 특유의 냄새가 났다. 밥때가 되면 연탄불 연기가 피어올랐다. 집마다 부뚜막에서 밥 짓는 냄새가 골목을 감쌌다. 밥때가 되어도 옆집에 부모님이 돌아오지 않으면 엄마는 김이 모락모락 나는 솥에서 밥을 퍼 옆집에 갖다주라고 하셨다. 어느 집이든 끼니를 해결하지 못할 때면, 옆집에서 따뜻한 국 한 그릇이 건너갔다. 나물 하나라도 오갔고 김치 한 포기도 나눠 먹었다. 밀가루죽, 고구마, 옥수수, 콩 한 조각도 이웃과 같이 나눴다.

특히 여름이 되면 우리 집에는 수박과 참외가 넘쳐났다. 내가 이 이야기를 하면 남편은 "그게 어찌 가난한 집 이야기냐고. 그때 당시 수박, 참외는 귀한 과일이었어."라고 말했다. 부농이었던 외가에서 올라온 수박과 참외로 동네잔치를 할 정도였다. 냉장고가 없었던 시절 물이 가득 담긴 큰 대야에는 수박과 참외가 둥둥 떠 있었다. 어머니는 늘 그 과일을 이 집 저 집 나눠주셨다.

겨울이면 김장은 동네 행사였다. 수돗가에는 큰 대야가 줄지어 있었다. 동네 엄마들이 모여 앉아 배추를 절이고 양념을 버무렸다. 김장하는 날이면 나는 신이 났다. 그날은 돼지고기를 먹을 수 있는 날이기도 했다. 갓 버무린 김치를 찢어 막 삶은 돼지고기를 싸서 한 입 베어 물면, 짭조름하면서도 매운맛이 입안 가득 퍼졌다. 모든 집이 돌아가면서 김장했지만, 할 때마다 김치는 온 집으로 배달이 되었다. 어렸을 때 나는 우리 집에서 가까운 집 김장 맛을 다 봤다. 그렇게 담근 김치는 겨우내 온 동네 밥상을 풍요롭게 했다.

 돌이켜 생각해 보니 어렵던 시절, 우리가 살아갈 수 있었던 건 가진 것을 아낌없이 나눈 이웃의 정 덕분이었다. 작은 것 하나도 서로 나눠 먹었던 그 정이 가난했지만 배가 고프진 않게 했다. 동네는 작은 세상이었다. 그 안에서 우리는 서로 기대어 살았다. 동네에서는 누구도 혼자가 아니었다. 서로를 위하고 보살피며 우리는 가난 속에서도 풍요로웠다. 비록 가진 것은 없었지만, 우리는 부족함을 몰랐다. 배고픈 친구가 있으면 자연스레 밥 한 숟갈을 보탰다. 힘들어하는 이웃이 있으면 말없이 손을 내밀었다. 서로가 서로에게 기대며 살았던 그 시절은 생존이 아닌, 따뜻한 공존이었다. 나는 그런 모습을 보며 자랐다. 어른이 되어서도 내 가치 속에는 어린 시절이 들어있다.

 나눔과 정이 있던 그 시절, 가난했지만 절대로 배고프지 않았던 유년 시절. 그 따뜻했던 시간이 있었기에 지금의 내가 있다. 늘 정이 넘쳤던 그 시절. 그것은 동네 공동체였다. 그 따뜻한 마음만큼은 영원히 잊히지 않을.

새마을 운동, 푸른 깃발이 휘날리던 날들

어려서 가장 많이 들었던 노래 중 하나가 '잘 살아보세'였다. 수시로 스피커에서는 "잘 살아보세, 잘 살아보세. 우리도 한번 잘 살아보세"라는 노래가 흘러나왔다. 사오십 년이 지난 지금도 2절, 3절은 몰라도 1절만큼은 또렷이 기억한다.

잘살아 보세 잘살아 보세 우리도 한번
잘살아 보세 금수나 강산 어여쁜 나라
한마음으로 가꾸어 가면 알뜰한 살림
재미도 절로 부귀영화도 우리 것이다.
잘살아 보세 잘살아 보세 우리도 한번
잘살아 보세 잘살아 보세.

새마을 운동이 시작되면서 우리 동네 산 밑에 있던 초가도 사라졌다. 흙길이었던 골목은 시멘트가 발라졌다. 방학이나 명절이면 버스를 타고 내려갔던 시골 도로는 흙길이 아닌 아스팔트로 변했다. 온돌방에 보일러가 깔렸다. 아버지 사업도 날로 번창했다. 아버지는 사장이자 근로자였다. 아버지가 하셨던 공사 규모는 제법 컸다. 다른 사람들이 트럭을 사고 자동차를 사들일 때도 아버지는 자전거로 현장을 다니셨다. 아버지는 새벽 4시면 집을 나섰다. 밤이면 아버지는 늘 술에 취해 계셨다. 아버지가 마시는 술은 말술이었다. 술로도 성실로도 끈기와 깡으로도 아버지와 대적할 사람이 없었다. 아버지는 공사를 할 때면 그때 당시 으레 따르던 돈 봉투를 단 한 번도 줘 본 적이 없다고 하셨다. 꼿꼿하고 강직한 성격 때문에 쉽게 갈 것도 그만큼 어려웠다. 처음에는 그런 성격 때문에 멀리하던 사람들도 꼼꼼하게, 성실하게, 정확하게 일 처리를 해내는 아버지를 인정했다.

낮이면 북적거리던 우리 동네 가게 앞 평상 위도 한산해졌다. 인근에 속옷을 만드는 공장이 생기자, 아주머니들이 무리 지어 그곳으로 갔다. 일부는 공단에 있는 공장으로 가기도 했다. 버스에 몸을 끼워 넣듯이 출근하는 사람들, 도시를 떠도는 노동자들, 허름한 판

잣집에서 희망을 꿈꾸는 사람들이 이곳저곳에 있었다. 공단이 조성되고 공장이 들어섰다. 기계 소리가 밤낮을 가리지 않았다. 거리 곳곳에는 생산직을 모집한다는 광고가 전봇대에 붙어 있었다. 도로를 달리는 자동차들이 늘어났다. 비만 오면 질펀거리던 길이 반듯한 인도로 바뀌었다. 밤이 되면 한 치 앞도 보이지 않던 도시가 가로등 불빛과 네온사인으로 빛나기 시작했다.

단돈 4만 원을 가지고 자식 넷을 대학까지 보냈던 부모님 삶이 쉬웠을 리 없다. 하루 종일 공사 현장에서 노동자로, 사장으로 살며 자식들 학교를 보내고 가족 생계를 꾸리셨던 아버지, 갖은 부업거리를 하면서 어떻게든 자식을 키우기 위해 손이 부르트도록 일하셨던 어머니. 그 두 분의 희생이 있었기에 나는 꿈꿀 수 있었다.

가난했던 그 시절, 부모님 덕분에 초등학교 때는 밴드부 활동을 했다. 중학교 때는 짧은 시간이긴 했지만, 수학 과외에 피아노까지 배울 수 있었다. 그때 당시 이런 호사를 누린 또래는 많지 않았다.

우리 집에 흑백텔레비전이 들어오던 날 기억은 지금도 또렷하다. 너무 좋아서 만세를 불렀다.

밤이면 온 가족이 둘러앉아 고속도로가 개통되는 장면, 자동차가 공장에서 생산되어 나오는 과정을 봤다. 돌이켜보면 지금의 풍요는 거저 얻어진 것이 아니었다. 새벽이면 일을 하러 나가시던 아버지, 하루도 쉬지 않고 부업거리를 찾아서 하시던 어머니, 가난 속에서도 희망을 놓지 않은 그 세대들이 만들어 낸 기적이었다.

귀에 박히게 들었던 '잘 살아보세'는 그것을 실천하고 이뤄낸 역사였다. 산업화의 물결을 타고 온 국민이 힘을 모아 만든 기적이었다. 그 시절을 떠올리면 가난했지만, 희망을 잃지 않으셨던 내 부모님 얼굴이 떠오른다. 어쩌면 다음 세대에 전해야 할 유산은 그 희망인지도 모른다.

'공산당이 싫어요'를 외쳤던 어린 시절

십 대 시절을 거슬러 올라가면 또렷하게 남아 있는 기억이 있다. 그중 하나가 웅변대회다. 그때 당시 월요일이면 봄, 여름, 가을, 겨울 상관없이 운동장에 모여 조회했다. 조회 시간에는 국기에 경례, 순국선열에 대한 묵념과 애국가를 불렀다. 해마다 반공 웅변대회가 열렸다. 대표로 뽑힌 몇몇 아이들이 단상 위에 올라가 반공을 외쳤다. 공산당을 물리치고 자유를 수호하자는 문구는 친근한 구호였다. 교내 대회를 거쳐 1등을 한 아이들은 지역 대회나 전국 대회까지 나가기도 했다.

학교 교정에는 '나는 공산당이 싫어요'를 외친 이승복 동상이 있는 곳도 많았다. '공산당이 싫어요'를 외치며 죽었다는 이승복은 나에게는 동화이자 환상이었다. 곳곳에 '멸공(滅共)', '반공(反共)'이라는 글자가 적힌 표어가 걸려 있었다. 웅변대회뿐만 아니라 반공 글짓기나 포스터 대회가 매년 열렸다. 골목 어귀에도 간첩 신고 포스터가 늘 붙어 있었다.

어린 시절, 나라 사랑은 가르침이 아니라 삶의 일부였다. 친구들과 고무줄놀이하다가도, 술래잡기하다가도, 우리는 자연스럽게 웅변 내용을 흉내 내며 장난을 쳤다. 국기에 대한 맹세문은 반드시 외워야만 했다. 외우지 못하면 남아서 벌을 받았다. 그러니 단상에 올라가 '나는 공산당이 싫어요'를 외치는 연사가 내 눈에 얼마나 멋지게 보였겠는가. 나는 부모님을 졸라 동네에서 가장 가까운 웅변학원을 한 달간 다녔다. 그곳에서 웅변할 때 내는 목소리와 그에 맞는 제스처를 배웠다. 나에게 웅변대회에 나가는 것은 하나의 꿈이었다. 단상에 올라가 많은 사람 앞에서 웅변하는 아이들이 부러웠다. 한 달간 웅변학원에 다녔던 나는 웅변대회가 다가오자, 동네에 있는 산에 올라갔다. 푸르른 소나무 아래에서 혼자서 '이 연사 힘차게, 힘차게 외칩니다.'를 연습했다. 지금도 그때 외웠던 문장 일부가 생각난다.

'6·25 때 아버지를 여읜 것으로 시작'한 웅변은 '이 연사 힘차게, 힘차게 외칩니다.'로 끝났다. 동작은 첫 번째 '힘차게'에는 왼손이,

두 번째 '힘차게'에는 오른손이 양옆으로 90도를 유지한 채 올라갔다. 이때 중요한 것은 불끈 쥔 주먹이었다. '외칩니다.'에서는 하늘 높이 두 팔을 올려야 했다. 고개도 두 팔에 따라 두 눈을 부릅뜨고 입술은 굳게 다문 채 앞을 뚫어져라 쳐다봤다. 지금 생각하면 웃음이 나오는 그 대회를 위해 밤낮으로 연습했던 십 대. 열심히 노력했던 덕분에 나는 상을 받았지만, 그 후로 더 이상 대회를 나가진 않았다.

그때는 몰랐다. 웅변학원에서 가르쳐 준 대로 달달 외워서 외쳤던 단어들이 구호가 아니라, 우리 부모 세대가 전쟁을 겪으며 피와 눈물로 지켜낸 역사였다는 사실을. 그 시절을 지나 예순이 넘은 지금에서야, 대한민국이라는 나라를 지켜온 정신적 버팀목이었다는 것을 깨닫는다. 그 내용이 어처구니없었을지라도.

이제 반공대회는 구시대 유물이 되었다. 더 이상 반공을 주제로 한 웅변대회를 열지 않는다. 민주주의를 당연하게 받아들이는 시대가 되었다. 하지만 그때 내가 외쳤던 목소리와 그 목소리 속에 담긴 마음만큼은 여전히 가슴속에 남아 있다. 나라를 지키고자 했던 아버지 세대의 노력이, 내 시절 웅변 속에 담긴 결의가, 오늘날 우리가 누리는 자유와 번영을 만들어 낸 밑거름이 되었음을.

반공 웅변대회는 역사 속에 유물로 남았지만, 자유와 평화를 위한 목소리는 계속되어야 한다. 그것이야말로 우리가 다음 세대에게 물려줄 가장 값진 유산이다.

2장

시대를 마주하다

불의에 침묵하는 것은 그 자체가 불의다

_ 마틴 루터

80년 5월 광주, 그곳에 있었다

1980년, 나는 고등학교 1학년이었다. 그 시절 학기 초가 되면 담임은 가정 실태 조사를 했다. 그것은 매번 거수로 이뤄졌다. '집에 텔레비전 있는 사람', '냉장고 있는 사람', '피아노 있는 사람'을 불렀다. 텔레비전과 냉장고, 피아노까지 있는 사람은 반에서 한두 명 정도였다. 물론 나도 없었다. 그 시간이 싫었다. 무엇보다도 나를 주눅이 들게 했던 것은 수업료를 기한 내에 내지 못할 때였다. 수업료를 늦게 내면 담임은 이름을 불러서 일으켜 세웠다. 안 내고 싶어서 그런 것도 아닌데. 늘 아이들 이름을 불렀고 일어서 있어야 했다. 나도 그런 적이 있었다. 아버지가 일했던 곳에서 공사대금이 제때 들어오지 않아서 유독 힘들었던 적이 있었다. 그렇지 않아도 기한이 지나자 조마조마했다. 조회 시간에 이름이 불릴까 봐. 집에 가면 부모님을 졸랐다. 얼른 내 달라고. 안 그러면 서 있어야 한다고. 어머니는 조금만 기다려 달라고 했다. 며칠만 지나면 내 줄 수 있다고. 그 며칠이 나에게는 너무 길었다. 5일 정도 지났을까? 조회 시간에 담임은 수업료를 내지 못한 친구들 이름을 불렀다. 그중에 나도 있었다. 어찌나 창피하던지. 그 수치심은 오래갔다. 그도 그럴 것이, 중학교 때까지만 해도 학급 임원에 응원단장, 웅변대회, 백일장에 남들이 하지 못하는 과외까지 받았던 내 자존심은 바닥까지 내려갔다. 어쩌면 내 사춘기는 그때부터 본격적으로 시작된 것이 아니었을까? 한번 일어서야 했던 것으로도 마음이 바닥을 쳤는데 매번 일어나야 했던 친구들의 마음은 어땠을까? 새삼 그 친구들 마음이 헤아려진다.

―

이 이야기를 하려고 했던 것이 아니었다. 1980년 5월. 내 기억 속 5월은 처참했다. 휴교령이 내리기 전까지 일상은 평온했다. 아침이면 "어서 일어나 밥 먹고 학교 가라."는 어머니 목소리에 눈을 비비며 일어났다. 비몽사몽간에 아침을 먹고, 교복을 입었다. 거울 앞에 앉아 긴 머리를 양 갈래로 땋아 통학버스를 타고 학교를 오가는 일상. 그런 나날이었다.

―

박정희 대통령 시해 사건도 전두환 계엄령도 나에게는 중요하지 않았다. 나는 그저 이제 막 사춘기가 시작되려고 하는 갈래머리 소녀일 뿐이었다. 어수선한 소문들이 무성했지만, 일상이 달라지진 않았다. 어느 날, 내일부터 학교에 나오지 말라고 했다. 나는 하기 싫은 공부를 하지 않아도 되니 우선 좋았다. 그 누구도 무슨 일 때문에 휴교령이 내려졌는지 이유를 알려주지 않았다. 공사를 하러 나가셨던 아버지가 세상이 심상치 않다고 하셨다. 사람들이 말로 할 수 없을 정도로 처참하게 매질을 당하고 피를 흘리고 있다며 어머니와 이야기를 나누셨다. 거리에는 군인들이 가득했다. 공기 속에는 알 수 없는 긴장감이 들어 있었다. 우리 집 근처 도로에도 장갑차가 있었다. 군인들은 총을 들고 그 앞에 서 있었다. 나는 전쟁이 일어난 줄 알았다. 내가 웅변대회에서 외쳤던 '공산당'이 실제로 쳐들어온 것은 아니냐는. 하지만 눈을 씻고 봐도 공산당은 보이질 않았다. 학교에 다닐 수 없게 되자 죽마고우였던 동네 친구와 함께 금남로를 걸어서 갔다. 우리 집에서 전남도청 앞까지는 걸어서 40분이 걸리지 않았다.

처음 나갔던 날, 도청 앞에는 태극기를 든 사람, '계엄을 해제하라', '전두환은 물러가라'라는 피켓을 든 사람들로 인산인해였다. 부모님 손을 잡고 온 어린아이부터 교복을 입은 학생, 남녀노소 발 디딜 틈이 없었다. 친구랑 나는 그 틈에 끼여 앉았다. 단상에 올라가

마이크를 잡고 말을 하는 사람들의 목소리가 금남로 광장에 가득 퍼졌다. 어떤 날은 친구와, 어떤 날은 남동생과, 어떤 날은 부모님과 함께 매일 집회 현장에 나갔다. 상무관에 늘어선 관 위에는 태극기가 덮여 있었다. 자식을, 남편을, 형제자매를 잃은 가족들의 통곡이 끊임없이 이어졌다. 우리 집에서 금남로까지 가는 길에 보훈병원이 있었다. 그 병원 앞에는 다친 사람들이 줄지어 있었다. 헌혈 행렬이 끊임없이 이어졌다. 중학교 3학년이었던 남동생도 매일 거리로 나갔다. 우리 가족은 공산당도 빨갱이도 아닌 그저 평범한 도시 노동자 아버지를 둔 선량한 시민이었다. 지극히 평범한 내 이웃들이 곤봉에 맞아 쓰러지고 총에 맞아 죽어가는 모습을 보고 있을 수만은 없었다. 교통수단도 통신수단도 끊긴 고립무원이었다. 버스를 탄 사람들이 구호를 외치며 다녔다. 어머니를 비롯한 동네 아주머니들이 그들에게 물과 주먹밥을 나눠줬다. 나와 동생은 거의 매일 나갔다. 어머니가 제발 그만 나가라고 말려도 소용없었다. 고 1과 중 3이었던 나와 내 동생 눈에도 그것은 차마 표현할 수조차 없는 불합리였고 분노였다.

내가 친구와 함께 전남도청 앞에 나갔던 것은 처음에는 그저 호기심이었다. 무슨 일이 벌어지고 있는지 알고 싶었다. 나는 내 눈을 의심했다. 거리 한복판에서 군인들이 시민들을 향해 총을 겨누고 있었다. 친구와 나는 너무 놀라서 비명을 지르며 도망쳤다. 곳곳엔 피투성이가 된 이들이 쓰러져 있었다. 붉은 핏자국이 내 눈앞에 선명하게 새겨졌다. 모든 게 현실 같지 않았다. 날카로운 총성, 비명, 펄럭이는 태극기, 장갑차, 총에 맞아 피를 흘리고 있는 사람들. 여고 1학년인 내 눈에는 충격이자 공포였다. 떨리는 다리로 도망쳤다. 눈물과 땀이 뒤섞였다. 가슴은 미친 듯이 뛰었다.

"왜 이런 일이 벌어지는 걸까?" 수없이 되뇌었지만, 답은 없었다.

며칠 동안 다녔던 도청 앞을 더 이상 가지 못했다. 생각하지 않으려 해도 내가 봤던 광경들이 자꾸 눈앞에 아른거렸다. 숨을 쉴 수 없는 두려움이 가슴을 짓눌렀다. 내가 알던 세상이 아니었다. 그날 이후, 나는 더 이상 예전의 내가 아니었다. 죄 없는 이웃들이 죽었지만, 그 누구에게도 말하지 못했다. 아버지는 "너희들이 이 피 묻은 역사의 증인이 되어야 한다."라고 하셨다. 지금도 나는 그 새벽에 들었던 여자 목소리가 생생하다. 새벽에 차를 타고 돌아다니면서 계엄군이 도청으로 쳐들어온다는. 그 날밤 총성은 그 어느 때보다 날카로웠다. 어머니는 우리에게 솜이불을 덮어 주셨다. 6·25 전쟁 때 외할머니가 공산당이 쳐들어오면 솜이불을 덮어 주셨다며. 총알이 솜이불을 뚫지 못하니 솜이불을 덮고 있어야 한다며 초여름 더위가 기승을 부리던 그 날밤, 우리는 밤새 솜이불을 덮고 있었다.

초여름 더위 속에서 솜이불을 덮고 있자니 온몸이 땀으로 흥건했다. 하지만 우리는 오들오들 떨고 있었다. 다음날 어머니는 우리보고 밖에 나가지 말라고 하셨다. 근처에 사는 이웃집 아들이 총에 맞아 죽었는데 죽었다는 말조차 못 하고 있다며. 전쟁도 이런 전쟁이 없다고 하셨다.

휴교령이 해제되어 다시 학교에 갔지만 나는 한동안 어디에도 집중할 수 없었다. 머릿속에는 그날의 광경이 끊임없이 맴돌았다. 조용필의 '단발머리'가 라디오에서 흘러나오면, 그 멜로디가 슬픔의 배경음처럼 들렸다. "빗물 같은 슬픔이 가슴에 흘러도~"라는 가사 속에도 그날이 있었다. 마돈나의 'Like a Virgin'이 흘러나와도, 그 밝은 리듬이 허무하게만 느껴졌다. 허무라는 감정을 처음으로 진하게 느꼈던 시절이었다.

나는 매번 스스로 질문을 했다. '왜, 아무도 미워하지 않은 사람이 죽어야 하는가?' '정의가 있기는 한 건가?' 그런 질문들이 내 안에서 자라났다. 혼란과 분노, 슬픔이 뒤섞여 있었다. 고등학생 때 내 암흑기는 그렇게 시작되었다. 지금 와서 돌이켜보니 그 감정들이 나를 성장시켰다.

1983년부터 1985년 내 여고 시절은 이렇게 모순으로 가득했다. 장갑차와 총을 든 군인들, 하늘을 날던 헬리콥터, 도청 앞 광장을 메운 군중들, 임을 위한 행진곡, 애국가, 피를 흘린 채 쓰러져 있던 사람들, 상무관의 즐비한 태극기에 덮인 관들. 그 관 앞에서 통곡하던 사람들. 나는 자유를 꿈꾸면서도, 그 자유가 무엇인지 모른 채 살아갔다. 가슴은 답답했고, 머리는 혼란스러웠다. 그 혼란 속에서도 우리는 웃었고, 꿈을 꾸었다. 하지만 나에게는 5월 병이 생겼다. 1980년 그날 이후 매년 5월이 되면 몸도 마음도 시름시름 앓았다.

모순 속을 걸어간 여고 시절

　내가 본격적으로 삐딱해지기 시작한 것은 고등학교 2학년 때부터였다. 앞으로 무엇을 할 것인지, 대학 전공은 어떤 것을 할 것인지 한 번도 고민해 본 적이 없었다. 친한 친구들이 이과를 선택했다. 친구들이 가니 나도 따라갔다. 아무런 고민도 없었다. 그것이 인생의 중요한 선택이라는 걸 알지 못했다. 그 선택이 내게 가져온 건, 2년간 버거운 지옥이었다. 물리, 화학, 수학책만 봐도 머리가 아팠다. 칠판 가득 채워진 공식과 그래프는 내게 암호문이었다. 수학은 내게는 가까이하기엔 너무 먼 당신이었다. 선생님의 목소리는 점점 멀어졌다. 나만 다른 언어를 배우고 있는 기분이었다. 이상은 높았지만, 현실은 참혹했다. 나는 왜 여기 있는 걸까? 무엇을 위해 이렇게 힘든 시간을 견디고 있는 걸까? 질문만 늘어갔다. 대학에 가야겠다는 생각도 그저 막연했다. 하고 싶은 것도 꿈도 없었다. 시험 성적은 갈수록 곤두박질쳤다. 자신감과 자존감 상실은 끝이 보이지 않았다. 그나마 나은 것은 국어, 영어, 사회였다. 수학, 물리, 화학은 교과서도 보기 싫었다. 그렇다고 안 할 수는 없었다. 주변은 경쟁과 성적표로 가득했다. 나 역시 그 흐름에 휩쓸려야 했다. 방정식 속에 갇힌 채, 나는 하루하루 버티고 있었다.

그러던 어느 날, 도서관에서 빌린 세계 문학전집 한 권이 나에게 구원자처럼 다가왔다. 책 속에 활자들이 나를 향해 손짓했다. 그건 달콤한 속삭임이었다. "어서 와, 여기 다른 세계가 있어." 헤밍웨이의 간결한 문장 속에 숨어있는 깊이, 도스토옙스키의 죄와 벌 속에 담긴 인간 내면의 심연, 톨스토이의 광활한 러시아 평원, 책 속 세계는 수식보다 더 명확했고, 그래프보다 더 선명했다. 나는 그 안으로 빠져들었다. 데미안, 부활, 여자의 일생, 전쟁과 평화, 어린 왕자, 모모, 자기 앞의 생, 괴테 파우스트, 위대한 개츠비, 메밀밭의 파수꾼을 비롯해 손으로 셀 수 없을 만큼 많은 책을 읽었다. 친구들이 물리, 수학, 화학 공부를 할 때 나는 고전 속에 빠져 살았다.

대학은 가야 했다. 대학에 가지 않더라도 딱히 나무랄 사람은 없었다. 나 때만 해도 내가 살고 있는 곳에 4년제 대학은 국립대 한 곳과 사립대 한 곳뿐이었다. 나머지는 전문대였고 그조차도 많지 않았다. 그때까지도 여자가 대학을 많이 가지 않은 시대였다.

지금 돌아보면, 그 시절 방황과 아픔이 내 삶에 동력이 되었으리라는 생각이 들기도 한다. 내가 적성 때문에 힘들었던 사춘기를 보낸 경험은 나중에 직업상담을 할 때 청소년 진로지도에 관심을 두게 된 계기가 되었다.

글을 쓰면서 여고 시절 앨범을 꺼냈다. 사진 속에는 수학여행 때 모습이 있었다. 수학여행 준비로 떠들썩했던 교실도 잊을 수 없다. 빽빽한 책상 사이를 비집고 춤 연습을 하던 친구들의 모습, 웃음소리와 땀 냄새가 뒤섞였던 그 공간. 그때만큼은 미래에 대한 불안도, 성적에 대한 압박도 모두 사라졌다. 조용필의 가사를 수첩에 적어 따라 불렀다. 징기스칸 밴드의 노래에 맞춰 춤을 추기도 했다. 그것은 소중한 추억이기도 했다. 그 시절의 방황과 아픔은 대학까지 이어졌다. 학력고사 성적에 맞춰 갈 수 있는 학과를 선택했다. 하고 싶은 것도 꿈도 없었기에 대학 선택은 그다지 중요하지 않았다. 지금도 기억나는 건 학력고사 점수를 보고 담임선생님이 나에게 했던 말이었다. "점수가 생각보다 잘 나왔네."였다. 공부를 안 한 것에 비하면 잘 나온 게 사실이었다. 세계 문학에 빠져 살았지만, 어찌 되었든 국립대학에 들어갔다. 내가 살던 곳에 있는.

오랜 세월이 흘러서 알게 된 깨달음이 있다. 삶은 때로 엉뚱한 선택과 방황의 연속일지라도, 그 모든 순간이 결국 나를 완성해 준다는 것을. 암울했던 그 시절, 나는 길을 잃은 게 아니었다. 단지, 나만의 길을 찾아가는 중이었다. 그 길 위에는 조용필의 노래, 마돈나의 목소리, 퀸과 아바의 노래가 따뜻한 배경음처럼 흐르고 있었다.

아무도 미워하지 않는 자의 죽음

나는 83학번이 되었다. 점수에 맞춰서 간 전공이라 나하고 맞을 리가 없었다. 사촌 오빠 소개로 문학과 음악을 하는 동아리에 가입했다. 그때 당시 우리 과에는 여고 동창 3명이 있었다. 동아리도 같이 들어갔다. 우린 삼총사였다. 내가 휴학하기 전까지 학교만 가면 붙어 다녔다. 동아리방에도 점심때면 모이던 동아리 동산에도, 수업 시간에도 늘 세 명이 움직였다. 강의가 없는 날 우리의 아지트는 정문 앞 지하에 있는 상아 다방이었다. 강의실이나 동아리 동산에 없으면 나는 늘 거기에 있었다. 지금도 그곳 풍경이 눈에 선하다. 지하 계단을 내려가서 유리문을 열면 진한 커피 향과 담배 냄새가 먼저 나를 반겼다. 실내는 여기저기서 피워대는 담배 연기가 희뿌연 안개처럼 공간을 메우고 있었다.

실내는 그다지 넓지 않았다. 다방 안 정면 통유리로 된 방에는 엘피판이 가득했다. 그곳에서 DJ는 신청곡을 받았다. 메모지에 사연과 신청곡을 적어 통유리 안으로 넣으면 엘피판을 뒤적여 신청곡을 찾아냈다. 집어 든 LP판을 턴테이블에 올려놓고 바늘을 조심스럽게 올리기 전에, DJ는 "이번 신청곡은 이글스의 호텔 캘리아포니아입니다. OOO님이 옆 친구와 같이 듣고 싶다며 신청하셨습니다."라며 신청자가 쓴 사연과 노래를 들려줬다.

아말리아 호드리게스의 '검은 돛대', 아다모의 '눈이 내리네', 조다생의 '기차는 7시에 떠나네', 사이먼과 가펑클의 'The Sound of Silence', 'Bridge Over Troubled Water', 'Scarborough Fair', 'El Condor Pasa'와 가수 김광석, 유재하, 양희은, 송창식, 산울림을 비롯한 쎄시봉 가수 노래는 내 단골 신청곡이었다.

어두운 원목 테이블 위에는 이미 식어 버린 커피잔과 메모지, 볼펜이 굴러다녔다. DJ가 내보내는 LP 음악과 사람들의 대화 소리가 뒤섞인 공간. 그곳 주인은 언제든 우리에게 외상으로 커피를 내주었다. 그때 다방을 운영하던 부부는 지금 생각해 보면 우리와 나이 차이가 크게 나지 않았다.

대학 1학년 때 나를 흔들었던 책이 있었다. 그건 잉게 숄의 '아무도 미워하지 않는 자의 죽음'이었다. 독일 나치 정권에 저항했던 백장미단의 활동과 최후를 기록한 책을 쓴 잉게 숄은 백장미단의 핵심 구성원이었던 한스 숄과 소피 숄의 친누나였다. 백장미단은 뮌헨대학교 학생들과 뜻있는 교수들이 나치 정권에 저항하기 위해 결성한 단체였다. 나치의 잔혹성을 제작하여 전단을 배포하던 중 한스와 소피가 체포되었다. 1943년 2월 18일 체포된 그들은 1943년 2월 22일 처형되었다. 체포된 지 4일 만에 나치 재판부는 그들을 기소하고 당일 즉결 처형했다. 책을 읽는 내내 볼을 타고 흘러내리는 눈물이 종이를 적셨다. 끓어오르는 분노는 쉽게 가라앉지 않았다. 읽는 내내 내 머릿속에는 80년 5월이 있었다. 교과서에서 세상은 공정해야 한다고 배웠다. 어려서 읽었던 동화책에서도 선은 항상 승리했다. 내가 본 현실은 그것이 아니었다. 아무 죄도 없는 이웃이, 평범한 일상을 살고 있는 사람이 총에 맞아 개죽음당했다. 그것은 한스 숄과 쇼피 숄의 죽음과 닮아 있었다. 왜 아무도 미워하지 않은 사람들이 피워보지도 못하고 죽어야 했는지. 정부는 학생들을 반체제 세력으로 몰아갔고, 민주화를 외치는 목소리는 탄압받았다. 그 불의 앞에서 저항해야 했다. 하지만 나는 "이 피 묻은 역사의 증인이 되어야 한다."라는 아버지 말에도, 내가 본 참혹했던 그것에도 벗어나지 못한 채 방황했다. 여기에도 저기에도 서지 못한 회색분자였다.

나는 더 이상 공부를 할 수 없었다. 배움의 터전에서 오히려 책을 덮어버렸다. 전공 서적보다 더 중요한 것은 거리에서 펼쳐지는 현실이었다. 수업보다 더 흥미로운 것은 동아리방과 학교 앞 다방에서 토론이었다. 교정 곳곳에서 민주주의를 향한 목소리가 울려 퍼졌다. 나는 그 흐름 속에서 늘 흔들렸다.

학교에 가는 날이면 정해진 규칙이 있었다. 강의실이 아닌 동아리방으로 향하거나, 정문 앞 '상아 다방'으로 갔다. 거기서 우리는 수다를 떨었고, 때로는 분노했다. 나는 과연 올바르게 살고 있는가? 나는 무엇을 해야 하는가?

입학 초기만 해도 대학생이라는 사실이 좋았다. 자유로웠다. 통기타가 있는 교정은 낭만이기도 했다. 문학을 이야기하고 노래를 부르며 교정을 거닐었다. 그럴수록 공허는 짙어졌다. 교정 곳곳에서 집회가 열리고 있었다. '독재 타도', '80년 5월 진상을 밝혀라' 등이 적힌 셀 수 없을 만큼 많은 피켓을 들고 구호를 외치는 모습 속에는 80년 5월 전남도청 앞 시위대의 모습이 있었다. 그들의 모습을 보면서 동아리 동산에서, 상아 다방에서 놀고 있는 내 모습이 한심해 보였다. 수업에서 배우는 이론들이 한낱 공허한 단어처럼 느껴졌다. 책 속에 갇힌 지식보다, 지금 당장 거리에서 일어나는 일들이 더 중요해 보였다.

나는 거리에서, 교문 앞에서, 도심 한복판에서 현실을 마주했다. 한쪽에서는 최루탄이 터지고, 다른 한쪽에서는 시위주동자들이 경찰에게 끌려갔다. 그럴수록 내 고민은 깊어졌다. 현실과 이상 사이에서 갈등이 시작되었다. 부모님은 피 묻은 역사에 증인이 되라고는 하셨지만 내가 데모하는 것에는 반대였다. 없는 형편에 대학에 갔으면 공부해서 장학금을 받아야 한다고 하셨다. 맏딸이었던 내 밑으로 동생이 셋이나 있었으니, 부모님은 대학을 간 딸이 공부는 안 하고 허구한 날 빈둥대고 있으니 얼마나 답답하셨겠는가? 내가 결혼하고 자식을 키워보니 부모님 마음이 헤아려졌다.

그건 우연이었다. 시위하려고 해서 한 것이 아니었다. 갑작스러운 휴강이었다. 도서관에 가서 책을 읽으려고 가던 길이었다. 순간, 데모대에 휩쓸려 버렸다. 이렇게 된 거 그들 틈에 끼어보자는 생각이 들었다. 그날이 대학에 와서 한 첫 시위였다. 교문을 향해 가던 중 최루탄이 바로 내 근처에서 터졌다. 순간, 숨을 쉴 수가 없었다. 따갑고 쓰려 눈물, 콧물 범벅이 되었다. 얼굴을 닦을 수도 없었다. 숨을 헐떡이며 옆으로 몸을 피했다. 문득 이런 생각이 들었다. '나는 이 길을 끝까지 갈 수 있을까?' 결정해야 했다. 싸울 것인가, 돌아설 것인가?.

어떤 이는 끝까지 싸웠고, 어떤 이는 현실로 돌아왔다. 어떤 이는 사회로 나가 조금 더 나은 방식으로 변화를 만들어 가고자 했다. 나는 그 어떤 곳에도 서지 못한 회색분자였다.

지금도 때때로 그 시절을 떠올린다. '상아 다방'에서 나누었던 이야기들, 해마다 연 1회 열리던 문학과 음악의 밤을 준비하던 동아리방, 상대 뒤 골목길 허름한 술집에서 먹었던 라면과 노란 주전자에 담아 마셨던 막걸리. 한 권의 책이 나를 뒤흔들었던 순간들. 그것이 청춘이었다. 흔들렸지만 고민했고, 방황했지만 결국 각자의 길을 찾았던 시절. 그 시절 청춘이 오늘의 나를 만들었다.

1984년, 나는 시내버스 안내양이었다

끝까지 싸울 것인가? 돌아설 것인가? 연일 최루탄이 난무하는 교정에 서면 나는 늘 길을 잃었다. 전공에 흥미는 애당초 없었다. 그렇다고 본격적으로 시위대에 합류하기에는 내 심지가 굳지 않았다. 여기에도 저기에도 속할 수 없었던 나는 2학년 1학기를 마치고 휴학했다. 태어나서 한 번도 떠나본 적이 없는 부모님과 내가 살던 곳이 감옥처럼 여겨졌다. 자식들이 커 갈수록 부모님이 짊어져야 할 삶의 무게는 늘어났다. 그것을 지켜봐야 할 내 마음도 무거웠다. 집에서도 학교에서도 어디에도 마음을 붙일 곳이 없었다. 벗어나고 싶었다. 무엇보다도 내가 어떤 사람인지 알고 싶었다. 과연 그곳에서 견뎌낼 수 있을까? 그 사람들의 삶을 살 수 있을까? 모든 게 의문이자 내가 나에게 던지는 질문이었다. 한편으로는 직접 돈을 벌어보고 싶기도 했다. 노동의 무게를, 그 현실을 경험하고 싶은 마음도 있었다.

그동안 내가 살아온 삶과는 다른 곳에서, 다른 방식으로 살아보고 싶었다. 그 일은 편한 것이 아닌 노동자의 삶이어야 했다. 마침, 같은 대학에서 사학을 전공하고 있던 친구가 휴학하고 한 학기 먼저 그곳에 가 있었다. 그녀는 80년 5월 나랑 같이 손을 잡고 전남도청 시위 현장을 다녔던 죽마고우였다. 나는 최소한 짐만 챙겨 집을 떠났다.

경기도 어느 시 버스터미널에서 내리자, 그 친구가 마중 나와 있었다. 84년 8월 중순, 지금은 역사의 뒤안길로 사라진 시내버스 안내양이 되었다. 친구와 나는 대학생이라는 신분을 드러내지 않았다. 그때 당시, 위장취업을 하다 발각되면 국가보안법으로 구속되던 시절이었다. 친구는 나에게 신신당부했다. 절대 대학생이라는 걸 꿈속에서라도 티를 내면 안 된다고.

친구는 사무실로 데리고 갔다. 가기 전에 친구가 말한 대로 문방구에서 이력서를 사서 최종 학력을 고졸이라고 써 놓았다. 대학을 졸업한 것은 아니었으니 고졸이 맞았다.

지금은 정확한 직책은 잊어버렸지만 아마도 노무과장이 아니었나 싶다. 얼굴을 힐끗 보더니 "이력서 가져왔어. 피부가 너무 희네.

대학생 아녀?" 순간 가슴이 철렁 내려앉았지만, 연습한 대로 거짓말을 했다. "아니요, 부모님이 가난해서 동생들 학비 벌려고 왔어요." 그는 더 이상 묻지 않았다.

안내양 구인난은 방학 시작 전과 후로 나뉘었다. 방학이 시작되면 버스를 이용하는 학생들이 줄어들기 때문에 배차 간격을 조정하기도 했다. 수입이 떨어지니 인원이 적어도 안내양을 적극적으로 채용하지 않았다. 방학이 끝나면 양상이 달라졌다. 시내버스 안내양 노동 강도는 세기로 유명했다. 상시 구인난에 시달렸다. 사람이 부족해서 면접을 보러 오는 사람은 특별한 이상이 없으면 바로 채용되었다. 나는 방학이 끝날 무렵에 갔기 때문에 입사 절차는 그걸로 끝이었다.

친구를 따라 차고지 근처에 있는 안내양 숙소로 갔다. 문을 열고 들어가면 왼쪽이었나 오른쪽이었나 정확하지는 않지만, 사감실이 있었다. 내가 묵은 숙소는 2층이었다. 2층 계단을 올라가면 복도가 있었다. 계단을 기점으로 오른쪽과 왼쪽이 안내양들의 숙소였다. 숙소 앞에는 방 이름이 붙어 있었다. 나는 친구와 같은 난초 방이었다. 태어나서 그런 방은 처음이었다.

7살 때 방 한 칸에 여섯 명이 살았던 그 시절 그 방은 여기에 비하면 궁궐이었다. 양쪽으로 개인 사물함이 벽 쪽으로 늘어서 있었다. 방바닥에는 개인 침구가 하나씩 있었다. 방 안에는 양쪽으로 곳곳에 빨랫줄이 처져 있었다. 그곳에 속옷, 양말, 옷들이 걸려 있었다. 그 방에서 몇 명이 살았는지 정확하지는 않지만 적어도 열 명은 넘었다. 구조는 군대 내무반과 비슷했지만, 환경은 최악이었다.

첫날에 돌아가고 싶었다. 내가 여기서 과연 견뎌낼 수 있을까? 내 마음을 읽기라도 하듯 친구는 내 손을 잡으며 다독였다. "여기도 사람 사는 세상이라고."

3일 정도 교육을 받았던 기억이 있다. 0번, 0-1번, 000번을 타고 지리를 익혔다. 먼저 안내양이 된 선배가 어떻게 하는지 자세히 보라고 했다. 자세를 배웠다. 정류장에 버스가 멈추면 먼저 내렸다. 승객이 전부 내리면 기다리는 사람들을 태웠다.

멈추라는 신호는 한 번, 출발하는 신호는 두 번이었다. 노선이 나오면 "다음 정류장은 ○○○입니다. 내리실 분 안 계세요?" 버스 옆 차체를 손으로 두 번 치고 '오라이'를 외쳤다. 노선을 외울 새도 없이 4일째부터 바로 투입이 되었다. 다른 노선은 잊어버렸다. 유일하게 남아 있는 기억은 지금도 유명한 시장뿐이다. 오일장이 되면 말 그대로 전쟁통이었다. 새벽부터 갖가지 채소와 생선을 팔러 나오는 상인부터 사기 위해 몰려든 사람들로 북새통이었다.

배차 시간에 따라 기상 시간이 약간씩 차이가 있었지만, 새벽 4시면 어김없이 일어났다. 친구 옆에 이불을 깔고 누웠던 첫날 밤, 이곳에 있다는 것이 현실처럼 느껴지지 않았다. 마치 다른 세계에 와 있는 듯한 착각이 들었다. 작은 방 안, 여럿이 몸을 구부려 자는 틈에서, '내일 바로 내려가 버릴까, 아니야 여기서 포기하면 너는 앞으로 아무것도 할 수 없어.' 실랑이하다 보니 새벽이 와 있었다. 사람들이 하나둘 일어났다. 1층은 가 보지 않아서 모르겠으나, 2층에는 방이 꽤 있었다. 거기에 화장실과 샤워실은 한 곳뿐이었다. 화장실 한쪽에 세탁기 한 대가 있었다.

숙소도 시설도 열악했다. 그곳에서 우리는 함께 생활했다. 매트리스라고도 부를 수 없는 이부자리 위에서 서로의 체온을 의지하며 잠들었다. 한겨울이면 찬 바람이 문 틈새로 스며들었다. 늦여름에 간 나는 땀에 젖은 채로 밤을 보냈다. 위생은 엉망이었다. 공용 화장실은 늘 더러웠다. 온수는 잘 나오지 않았다. 샤워는 사치였다.

4시에 일어나면 30분 안에 준비를 마쳐야 했다. 세수하고, 교복처럼 정해진 유니폼을 입었다. 청소도구가 담긴 양동이를 들고 미리 받은 배차표에 적힌 버스로 갔다. 버스 안을 청소하고 있으면 기사가 왔다. 운행은 배차 간격에 맞춰 이뤄졌다. 종점과 종점을 일곱 번에서 여덟 번 정도 돌았다. 식사는 때가 되면 배차 간격이 빈 시간을 이용해 식당에서 식판에 밥과 반찬을 담아 먹었다.

출·퇴근, 등·하교 시간이 되면 전쟁이었다. 지금은 차례를 지켜 타지만 그때는 버스가 정류장에 멈추면, 무조건 비집고 올라탄 사람들이 부지기수였다. "안으로 좀 들어가세요." "거스름돈 여기 있습니다." 내 목소리는 하루에도 수십 번씩 버스 안에 울려 퍼졌다. 요금을 내지 않으려는 사람도 있었다. 거스름돈이 맞지 않다며 고함을 치는 이도 있었다. 그렇게 한 정류장, 두 정류장을 지나며 종점에 도착하면 온몸이 아팠다. 회수권과 현금이 둘 다 통용되던 시절이었다.

쉬는 시간은 별도로 없었다. 배차 간격 그사이가 쉬는 시간이었다. 그마저도 도로 사정이나 여건으로 늦어지면 수입만 정산하고 바로 운행했다. 운전기사는 차를 몰았고, 나는 승객을 맞았다. 빈 좌석 하나 없는 차 안에서 한 손으로는 손잡이를 잡았고, 다른 한 손에는 동전을 쥐었다. 버스가 흔들릴 때마다 중심을 잡아야 했다. 때로는 승객들 사이에 부딪혀 넘어질 뻔할 때도 부지기수였다. 허리도, 다리도, 손목도 아팠지만, 누구도 신경 쓰지 않았다. 정해진 배차 시간을 제대로 맞추지 못한 날은 끼니도 제대로 챙겨 먹을 수 없었다. 배가 고프면 아침에 준 빵과 우유를 짬이 나는 틈을 이용해 양동이에서 꺼내 먹었다. 그것도 운이 좋은 날이었다. 일에 지쳐 피곤하다는 생각은 물론 집으로 돌아가야겠다는 마음조차 들지 않았다. 하루하루가 생존이었다.

버스는 이제 막 산업단지가 들어서기 시작한 시 외곽과 시내를 달렸다. 길거리에는 매연이 가득했다. 나는 그 속에서 숨을 쉬었다. 겨울이면 버스 안은 김이 서렸다. 여름에는 사람들의 땀 냄새로 가득 찼다. 버스가 멈추면 손님이 타고 내렸다. 다시 출발하면 비틀거리며 균형을 잡았다. 회수권을 내는 사람과 현금을 내는 사람 틈에서 흔들거렸다. 혹시라도 실수로 거스름돈을 덜 주면, 욕설이 날아들었다. 착오로 거스름돈을 더 주었는데도 모른 척하고 내리는 사람도 많았다. 부모님 품에서 공부만 하다 왔던 나에게는 모든 게 충격이었다. 세상은 냉혹했고 안내양을 바라보는 시선은 싸늘했다. 폭우가 내려 비에 젖어도 유니폼에서 물이 뚝뚝 떨어져도 아랑곳하지 않았다. 지금도 선연한 기억이 있다. 000-1번을 배차받은 날이었다. 시내를 벗어나 시외까지 가는 노선이었다. 폭설이 내리던 날, 차를 운행할 수 없을 만큼 눈이 내렸다. 주위에 있는 것이라고는 논밭뿐인 허허벌판이었다. 인가도 없는 도로에서 차는 멈춰 버렸다. 히터도 꺼져버린 버스 안에서 덜덜 떨며 밤을 지새웠던 그 밤 추위는 지금도 한기처럼 남아 있다.

그곳은 처절한 노동 현장이었다. 초창기에 견딜 수 있었던 건 친구가 있었기에 가능했다. 쉬는 날이면 친구와 나는 밀린 빨래를 해서 방안에 널어놓고 시장 구경을 가기도 했다. 방 안에 있는 다른 사람들과 어울리기가 쉽지 않았다. 어느 정도 일이 몸에 익자, 내가 이곳에 왜 왔는지, 온 목적이 무엇이었는지 의문이 들기 시작했다. 돈을 벌기 위해서는 아니었다. 노동운동을 하기 위해서는 더더욱 아니었다. 단지 여기에도 저기에도 속하지 못한 나를 찾고 싶었다.

헤르만 헤세의 '데미안'에서 "새는 알에서 나오려고 싸운다. 알은 세계다. 태어나려는 자는 하나의 세계를 깨뜨려야 한다."라고 했다. 부모님과 학교를 떠나온 것은 내 세계를 깨뜨리기 위해서였다. 그런 내가 이곳에서도 여전히 그 세계를 벗어나지 못하고 있었다.

하루 운행이 끝나면 그날 버스 한 대에서 나온 전체적인 입금액을 정산했다. 내 입금액은 다른 안내양보다 많았다. 갈수록 안내양은 물론 기사들이 나를 바라보는 시선이 곱지 않았다. 심지어 어떤 기사는 정류장에 승객이 있는데도 뒤에 오는 버스에 양보하고 가기도 했다. 나는 그 이유를 알지 못했다.

그러던 어느 날 밤, 운행을 마치고 들어가는 길이었다. 기숙사 앞에 노무과장과 사감이 서 있었다. 그 앞에 동료들이 줄지어 서 있었다. 사감이 한 명 한 명 양동이에 있는 물건을 꺼냈다. 호주머니는 물론 속옷까지 샅샅이 뒤졌다. 내 차례가 되자 피가 거꾸로 솟았다. 심장 속도가 빨라졌다. 목구멍에서 우르릉 소리가 밀려왔다. 그 순간, 친구가 내 손을 꽉 잡았다. 온몸이 만천하에 발가벗겨진 기분이었다.

그날 처음으로 나랑 같이 방을 쓰고 있는 사람들 얼굴을 차분히 바라봤다. 쉽게 진정이 되지 않은 내 모습과 달리 다들 아무렇지도 않았다. 분노와 수모조차도 저장 잡혀 버린 사람들처럼, 무감각해 있는 그들 얼굴은 나와 같은 이십 대였다.

그때부터였다. 내가 그들에게 다가가기 시작한 것은, 내가 가니 그들도 왔다. 그들 중에는 십 대도 있었다. 나이가 제일 많은 사람이 이십 대 후반이었다. 그녀는 결혼은 했으나 남편이 없었다. 딸아이를 시골에 있는 친정 부모님에게 맡기고 안내양을 하고 있었다. 그녀는 수시로 울었다. 딸이 장난감을 가지고 싶어 하는데 원하는 만큼 사 줄 수 없다며. 그녀를 제외하고 대다수가 나와 같은 이십 대 초반이었다. 공단에서 재봉틀을 돌리다 온 사람, 다방에서 일을 하다 온 사람, 부모님 농사일을 거들다 온 사람, 오빠 혹은 동생

학비를 대려고 온 사람, 심지어 월급의 90퍼센트를 부모님 생활비로 보내는 사람도 있었다. 입이 거칠어 가까이하기 힘들었던 그들은 그 누구보다도 따뜻하고 정이 많은 이십 대들이었다. 단지 노동에 지쳐 꿈조차 꿀 시간이 없었을 뿐.

몸수색은 평소 입금액이 적게 나오거나 안내양 수를 줄이려고 하면 수시로 하던 것이라 했다. 하다 보면 걸린 사람이 있었고 그 명분으로 그들을 잘랐다.

그것은 '삥땅'한 돈을 찾아내는 것이라 했다. 평균 12시간 이상씩 일을 해도 한 달 임금은 도시 근로자 최저치에도 미치지 못했다. 그러니 운전기사와 짜고 '삥땅'을 하기도 한 안내양도 있었다. 그것을 막으려고 갖은 방법을 동원한 것이었다.

그때쯤이었다. 우리 방에 있는 P가 근로기준법과 노동법을 말하기 시작한 것은. 욕을 입에 달고 살았던 그녀를 방 사람들은 다들 무서워했다. 그녀의 욕은 무조건 '씨브럴'부터 시작되었다. 나는 그때 처음 알았다. '씨브럴'이 얼마나 다양하게 쓰이는지. 욕을 잘했던 그녀는 통솔력이 있었다. P주변으로 몇몇 사람들이 모여들었다. 방 동료들과 조금 더 편해 질 무렵 나보다 한 학기 먼저 와 있던 친구가 복학하기 위해 떠났다. 친구는 같이 내려가자고 했지만 그러고 싶지 않았다. 친구가 먼저 떠나고 나는 그들 곁에 남았다. 그것이 시작이었다.

쉬는 날이면 나는 그들과 같이 DJ가 있는 다방에 가서 노래를 신청해서 들었고 차를 마셨다. 시장 골목에 가서 떡볶이를 사 먹기도 했다. 그러면서 차츰차츰 친해졌다. 겨울방학이 시작되자 단속은 더 심해졌다. 학생들이 등·하교하지 않으니, 수입이 줄어들 수밖에 없는데도 뼁땅해서 수입이 줄어들었다며 수시로 몸수색했다. 서서히 분노의 징조가 보이기 시작했다. 그렇다고 함부로 대놓고 불만을 터뜨릴 수는 없었다. 방마다 사측에서 심어놓은 끄나풀이 있었다. 우리가 방에서 한 모든 행동과 말들이 사감의 귀에 들어갔다. 문제는 그 전달자가 누구인지 알지 못하니 섣불리 행동할 수가 없었다. P는 각 방에 몰래 심어놓은 사람들과 연락을 주고받았다.

한겨울이 되자 몸이 두 배로 더 힘들어졌다. 새벽마다 찬물로 버스 청소를 하고 '오라이'를 외쳤다. 날이 더 추워지자, 손에 동상이 든 사람도 있었다. 안내양 수가 줄어들어도 방학이라고 충원을 해주지 않았다. 근로 시간은 늘어났지만, 임금은 그대로였다. 겨울인데도 온수가 나오지 않는 날이 많았다. 방은 냉골이었다. 거기다 몸수색까지 수시로 벌어지니 마음속에서 거대한 용광로가 끓고 있었다. 작전은 은밀하고 신속해야 했다. 길게 끌면 바로 발각이 되어버리니, 그 전부터 P랑 연락을 주고받던 각 방 연락책에게 작전을 전달했다. 절대로 미리 말하지 말 것. 중요한 회의가 있으니, 자정에 모일 것. 모일 때는 우리가 안내양이라는 신분이 드러나면 안 되니 근처 공단에서 교대 근무를 마치고 단체로 걸어가는 여공처럼 보일 것. 목적지는 서울 국회의사당 앞일 것. 요구사항은 '근로기준법을 준수하라', '일한 만큼 임금을 올려달라', '인권유린을 하지 말라', '몸수색하지 말라' 외 몇 개가 더 있었지만, 기억나는 것은 이 정도다. 지금 생각하면 허술하기 짝이 없었다. 경기도 그 지역에서 걸어서 그 밤에 어떻게 국회의사당까지 갈 수 있었겠는가? 정확한 인원은 망각 속으로 사라졌지만, 숫자가 꽤 되었다는 기억은 남아 있다. 그 많은 인원이 검문소를 어떻게 통과할 것인지, 그에 대한 대책은 하나도 없었다. 전략도 전술도 없는 우리를 움직인 건, 처절한 생존이었다. 그 안에는 적어도 사람다운 대접을 해달라는 절규만 있을 뿐이었다.

그 밤 우리의 시위는 검문소 앞에서 막혔다. 경찰차가 오기 전까지 검문소 근처 도로에 앉아 '노동 삼권 보장하라', '임금 올려달라', '온수가 나오게 해달라', '몸수색하지 말라'를 외쳤다. 그들은 단 한 번도 이런 식으로 본인들의 권리를 주장해 본 적이 없었다. 그런데도 외치는 구호는 핏빛처럼 붉었고 절절했다. 구호 중간중간에 그들이 불렀던 '홍도야 울지마라', '아침이슬', '불효자는 웁니다', '아빠의 청춘'은 지금도 들으면 눈물이 난다. 끌려 들어간 경찰버스 안에서 흐느낌은 어느새 통곡으로 변해 있었다.

그날 사건은 신문에 단 한 줄도 실리지 않았다. 우리의 외침은 조용히 역사 속에 묻혔다. 하지만 소득은 있었다. 사측에서는 우리의 눈치를 봤고 내가 있는 동안 더 이상 몸수색은 없었다. 나는 그날 이후 2개월 반을 더 있다 내려왔다.

몸이 아프지 않았으면 더 있었을까? 간혹 나에게 질문을 던져 볼 때도 있었다. 4월 중순, 갑자기 시작된 배 통증은 쉽게 가라앉지 않았다. 배탈약을 먹어도 낫지 않아 병원에 갔더니 맹장염이라 했다. 터진 것이 아니니 일단 약을 먹으라며 지어줬다. 시위 이후 사측의 감시는 심해졌지만, 우리끼리 신뢰는 더 깊어져 있었다.

그때쯤 내 고민이 시작되었다. 일 년 휴학하고 왔기 때문에 결정을 내려야 했다. 어쩌면 나는 그곳을 떠날 구실을 찾고 있었는지도 몰랐다. 맹장염은 그런 나에게 비겁한 명분이 되었다.

그곳을 떠나 부모님이 계신 곳으로 내려온 나는 한 달 내내 잠을 잤다. 눈을 뜨면 밥을 먹었고, 밥숟가락을 내려놓기도 전에 잠 속으로 빠져들었다. 잠 속에서 나는 늘 쫓기고 있었다. 죄책감이 나를 붙잡고 놓지를 않았다. 여전히 열악한 조건에서 생계를 위해 하루하루를 살고 있는 그녀들을 떠난 내가 창피했다. 그녀들은 그곳이 삶의 터전이자 생계였다. 그에 비해 나는 언제든지 떠나서 돌아갈 곳이 있는 대학생이었다. 나는 그들을 이해한다고 했지만 내 이해는 오만이었다. 내가 했던 안내양은 경험이었을 뿐, 그들처럼 생계를 위한 처절한 몸부림은 아니었다. 8개월을 그들과 함께 있다 왔지만, 달라진 것은 아무것도 없었다. 여전히 아무 일도 일어나지 않은 듯 세상은 돌아가고 있었다.

내가 일했던 1984년에는 시내버스에 자율화 바람이 불고 있었다. 서울을 비롯한 대도시에 시민 자율버스가 운행되기 시작했다. 자동 안내 방송과 하차 벨, 자동화시스템이 도입되면서 시내버스 안내양은 사양길을 걸었다. 1990년이 되면서 시내버스 안내양은 역사 속으로 사라졌다.

이십 대 초반 8개월 동안 근무했던 그 회사를 찾아보니 폐업이 되고 없었다. 다른 곳으로 이관되어 운행 중이었다. 그 회사도 시내버스 안내양도 사라져 버렸다. 내 청춘이 사라져 버린 것처럼, 하지만 그때 기억은 여전히 내 가슴속에 남아 이렇게 글로 되살아나고 있다.

8개월 동안 노동 현장에 있었던 경험은 단편소설이 되기도 했다. 제목은 '유리벽'이었다. 투명해서 벽이 없는 줄 알고 지나가지만 보이지 않는 벽에 부딪혀 나갈 수 없는. 일인칭으로 쓰인 내 경험을 담은 후일담 소설이었다. 학과에서 처음 발행했던 '가인'에 실렸다. 그 잡지는 첫 발행이 처음이자 마지막이었다. 더 이상 잡지는 나오지 않았다. 내 단편소설이 실린 그 잡지 한 권도 친정집에 불이 나 사라져 버렸다.

이십 대 초반 나를 불살랐던 그곳. 회사도, 시내버스 안내양도, 잡지도, 소설도 이제는 내 기억 속에만 남아 있다. 지금도 가끔 그런 생각이 든다. 깊은 밤, 잠에 빠져든 장자는 꿈속에서 나비가 되어 세상의 모든 아름다움을 품었다. 문득 눈을 뜨니 그는 다시 장자가 되어 있었다. 그는 스스로 물었다.

"내가 장자가 되어 나비가 되는 꿈을 꾼 것인가, 아니면 나비가 되어 장자가 되는 꿈을 꾼 것인가?"

나 또한 그랬다. 8개월 동안 그곳에서 삶과 대학생으로 돌아온 현실의 경계가 흐릿했다. 삶이란 무엇인가? 나라는 존재는 어디서 시작되고, 어디서 끝나는 것인가? 끊임없는 질문과 방황, 사색이 이어졌다. 삶은 흐르는 강물 같고 나는 그 위를 떠도는 작은 입자인지도 몰랐다. 안내양과 대학생, 나비와 사람, 그 순간이 녹아들어 어쩌면 지금, 이 순간, 여기를 만들어 낸 것은 아닐까? 그것도 아니면 여전히 나는 꿈속에서 현실을 살고 있는지도 몰랐다. 그 모든 게 꿈이었을지언정 한 가지는 알았다. 세상도 나도 저절로 바뀌지 않는다는 것을, 변화는 행동하는 사람들의 몫인 것을.

1987년 그 뜨거웠던 6월의 함성

1년 휴학을 끝내고 돌아온 교정, 2학년 2학기에 복학을 했다. 늦더위가 가시지 않은 교정은 여전했다. 달라진 것은 나는 2학년, 친구들은 3학년이었다. 휴학 전에 줄곧 붙어 다녔던 친구들에게도 변화가 생겼다. 한 명은 남자 친구가 생겼고, 한 명은 전공에 전념했다. 같이 다니던 친구가 없으니 마음 붙일 곳이 더 없었다. 복학하기 전 고민을 하긴 했었다. 대학을 계속 다닐 것인지. 미래에 대한 설계도 진로 설정도 전혀 되어 있지 않은 그때 당시 나는 무지했다. 어쩌면 그때 느낀 막막함이 나를 직업상담으로 이끌었는지도 모른다는 생각을 나중에 하기도 했다. 도서관 아니면 상아 다방이 내 아지트였다. 남들은 토익 공부를 할 때 나는 고전, 철학, 음악, 미술을 비롯해 잡식동물처럼 책을 읽었다.

전혜린의 '그리고 아무 말도 하지 않았다.', '이 모든 괴로움을 또다시'에 대한 기억이 강해 훗날 독일 뮌헨에 갔을 때, 그녀가 거닐었던 길을 걸어보기도 했다.

루이제 린저의 '생의 한가운데' 주인공인 불꽃 같은 '니나 붓슈만'처럼 살기를 원했지만 그건 상상일 뿐이었다. 책에 빠져 살았다. 헤르만 헤세의 '나르치스'와 '골드문트', '싯다르타', 니코스 카잔자키스의 '희랍인 조르바', 호메로스의 '일리아스', '오디세이아,' 단테의 '신곡', 오비디우스 '변신이야기', 미겔 데 세르반테스의 '돈키호테', 보카치오의 '데카메론', '걸리버 여행기', '오만과 편견', '폭풍의 언덕', '레미제라블', '죄와 벌', '카라마조프 형제들', '전쟁과 평화', '안나 카레니나', '노인과 바다', '이방인', '1984', '동물농장', '백 년의 고독', '파우스트', '위대한 개츠비'를 비롯해 제목도 생각나지 않을 만큼 책 속에 파묻혀 살았다. 특히 크리슈나무르티의 '아는 것으로부터의 자유', '삶으로부터의 명상', '자유로 가는 길', '시간의 종말'은 내면 깊숙이 자리 잡은 우울함에 단비가 되기도 했다. 어찌 보면 그것은 현실도피였다. 책에 들어가 있으면 현실과 상상이 모호해졌다. 책을 덮고 도서관을 나서면 그 앞 광장에는 늘 시위대가 있었다. 2학년 2학기부터 3학년까지 그렇게 책 속에 빠져 살았다. 4학년이 되자 더 이상 도서관에 앉아 있을 수가 없었다.

1987년은 전국이 들끓고 있었다. 서울을 비롯한 전국의 거리와 대학 캠퍼스는 끊임없는 함성과 최루탄 연기로 뒤덮였다. '호헌 철폐, 독재 타도'를 외치는 학생들과 시민들의 목소리는 광장을 가득 메웠다. 거리는 그들의 절박한 외침으로 진동했다. 민주주의를 향한 열망이 그 어느 때보다 뜨거웠다. 거리로 나설 수밖에 없었던 데에는 박종철 고문치사와 이한열 열사가 있었다.

1987년 1월, 서울대학교 언어학과 3학년 박종철이 남영동 대공분실에서 경찰의 고문 끝에 숨을 거두었다. "책상을 '탁' 치니 '억' 하고 죽었다."라는 말에 국민은 분노했다. 대학생은 물론 시민들도 거리로 뛰쳐나왔다. 연일 교정은 편할 날이 없었다. 최루탄에 범벅이 된 교정에서 시위하는 학생들이 갈수록 늘어났다. 수업도 휴강하는 날들이 이어졌다. 갈수록 시위는 격렬해졌다. 독재 정권은 이에 굴하지 않았다.

그러던 중 6월 9일, 연세대학교에서는 결코 있을 수 없는 사건이 벌어졌다. 시위 도중 이한열 열사가 경찰이 쏜 최루탄에 맞아 쓰러졌다. 신문 1면에 실린 피로 물든 그의 얼굴을 본 순간 심장이 멎는 듯했다. 분노는 더욱 거세졌다. 그 불길은 걷잡을 수 없어 퍼졌다.

전국적인 항쟁으로 번졌다. 매일 시위가 벌어졌다. '진상을 규명하라', '직선제 개헌 쟁취' 등 구호를 외치며 교정을 누볐다. 학생회관 앞에는 대자보가 빼곡히 붙어 있었다. 대형 걸개그림에는 최루탄에 맞아 쓰러진 이한열 열사의 모습이 담겨 있었다.

강의실은 그야말로 텅 비었다. 교수들은 출석을 부르지 않았다. 과별로 피켓을 들고 광장 앞으로 모였다. 강의 대신 거리로 나가 전경들과 대치했다. 최루탄을 쏘면 이리저리 달아났다 다시 모였다. 6월 10일, 드디어 전국적인 시위가 폭발했다. 학생, 노동자, 직장인, 장바구니를 든 주부들까지 거리로 나섰다. 최루탄이 터지면 눈물을 흘리면서도 다시 일어섰다.

연일 물대포가 시민들을 향해 쏟아졌다. 곤봉을 든 전경들이 무차별적으로 시위대를 몰아세웠다. 그럴수록 함성은 높아졌다. 피를 흘리면서도 민주주의를 외쳤다. 거대한 시위 행렬이 전국으로 번졌다. 교정에서 과별로 모여 용봉동에서 전남도청까지 '독재 타도'를 외치며 걸어가기도 했다. 최루탄이 터지면 흩어졌다 다시 모이기를 반복했다.

1987년 그때 시위에 나선 나를 지킨 이는 남편이었다. 시위대를 따라가며 구호를 외치다 보면 늘 옆에 검정 바지에 흰 셔츠를 입은 나한테 퇴짜를 맞은 공대생이 있었다. 최루탄이 터지면 손수건을 슬며시 내밀어 주던. 그때는 남편이 되리라 꿈에도 생각하지 못했던 사람이었다. 1987년 6월 나는 매일 시위대에 있었다. 그건 나뿐만이 아니었다. 거의 모든 학생이 그랬다. 결국, 국민의 저항에 부딪힌 정부는 백기를 들었다.

6월 29일, 그날 함성이 지금도 귀에 들리는 듯하다. 당시 민정당 대표였던 노태우가 대통령 직선제를 포함한 민주화 조치를 약속하는 '6.29 선언'을 발표했다. 우리는 얼싸안고 환호했다. 그날, 대학가는 물론 전국이 승리의 함성으로 가득했다. '임을 위한 행진곡'을 목 놓아 불렀다.

1987년은 그렇게 대한민국의 역사를 바꿨다. 거리에서 흘린 피와 눈물이 만들어 낸 민주주의. 그 시절을 살아낸 모든 이들은 한목소리로 외칠 수 있었다. 그것이 1987년 12월, 대통령 직선제 선거로 이어진 것은 부정할 수 없는 사실이었다.

이것을 이끈 이들은 바로 386세대였다. 물론 그 윗세대 선배들도 있었지만 80년대 대학에 다녔던 주역들은 386이었다. 민주주의를 쟁취하기 위해 앞장선 그들은, 대학가에서, 거리에서, 최전선에서 목숨을 걸고 싸웠다. 386세대의 희생과 헌신이 없었다면 대한민국의 민주화는 더욱 멀어졌을지도 모른다.

졸업과 함께 찾아온 88올림픽

대학 4학년 1학기를 시위에 빠져 살았던 나에게 졸업은 현실이었다. 졸업 후 진로에 대해 아무런 준비가 되어 있지 않았다. 막상 졸업이 다가오자 답답했다. 딱히 무엇을 준비해야 할지 막막하기만 했다. 공무원 시험 준비를 하자니 그건 너무 싫었다. 그때까지만 해도 공무원은 나에게 매력이 없는 직업이었다. 그런 내가 결국 공무원을 했으니, 인생은 알다가도 모를 일이다. 막연히 기자를 하고 싶다는 생각이 들었다. 그때 당시 기자는 대단한 존재였다. 말 그대로 언론사 시험은 고시였다. 다들 언론고시라 했다. 상식은 자신이었다. 문제는 영어였다. 토익 공부를 단 한 번도 해본 적이 없었을 뿐만 아니라 4년 동안 영어를 하질 않았으니 만약에 합격했다면 그것이 이상한 것이었다. 예상대로 불합격이었다.

2남 2녀 중 장녀였으니 내 밑으로 동생들이 세 명이었다. 그들도 학생이었다. 부모님의 어깨는 갈수록 무거워지기만 했다. 풍족한 형편이 아닌데도 어머니는 동네 의상실에서 내 옷을 맞춰 주기도 하셨다. 여름에는 개나리색 투피스를 입고 겨울이면 진회색 롱코트를 입었다. 우리 집이 가난했다고 말하면 어떻게 가난한 집 딸이 옷을 맞춰 입고 과외를 했으며 학원에 다닐 수 있었냐고 되물었다. 돌이켜보니 가난했지만 가난하지 않게 키워주셨던 부모님. 나도 그렇고 동생들도 학비를 벌기 위해 아르바이트를 해본 적이 없었다. 특히 막내는 학비가 많이 든다는 의대까지 다녔으니, 부모님이 얼마나 힘드셨을까 새삼 눈시울이 붉어진다.

88올림픽은 내 졸업과 함께 시작되었다. 올림픽을 맞은 우리나라는 조금씩 변했다. 거리는 정비되었고, 새로운 건물이 세워졌다. 곳곳에 경기장이 건설되었다. 88올림픽은 나라의 얼굴을 바꾸는 거대한 프로젝트였다. 88올림픽이 열리기 전, 세계는 책이나 TV 속에서 존재하는 먼 나라들이었다.

1988년 9월 17일, 올림픽이 개막했다. 올림픽 스타디움에서 펼쳐진 개막식은 한 편의 장엄한 드라마였다. 이름도 생소한 각 나라 선수단이 등장했다. 전통과 현대가 조화를 이룬 공연, 하늘 높이 치솟는 성화. 나는 부모님, 동생들과 함께 그 광경을 지켜보았다. '손에 손잡고'라는 주제가가 울려 퍼질 때, 심장이 요동쳤다. 올림픽 동안 경기장은 물론 거리 곳곳이 연일 열기로 가득 찼다. TV 화면 속에서는 매일 새로운 기록과 감동이 쏟아졌다. 우리 선수들이 메달을 목에 걸 때마다 전국이 환호로 들썩였다.

동네에서 만나는 사람도 친구들도 금메달을 외쳤다. 올림픽이 끝나자, 스포츠에 관한 관심도 크게 높아졌다. 체육관과 운동장이 붐비기 시작했다. 우리나라는 올림픽을 통해 세계와 연결되었다. 세계화 시대를 살아갈 준비를 마쳤다. 그에 반해 내 공허와 우울은 깊어졌다. 가슴속에 품고 있는 이상을 따라가지 못한 현실은 남루하고 비루했다.

내가 택한 것은 결혼이었다. 1987년 6월 최루탄이 난무하던 거리에서 나에게 손수건을 건넸던 공대생은 졸업 후에도 여전히 내 곁을 맴돌고 있었다. 내가 별다른 반응을 보이지 않자, 그는 남동생과 친해졌다. 추운 겨울 우리 집 대문 밖에서 내가 나올 때까지 기다리다가 되돌아가길 반복했다. 그 사람을 보면서 어머니는 이렇게 말씀하셨다. "내가 사랑하는 사람보다 사랑을 해주는 사람에게 가야 편하다." 그 말 때문에 결혼하리라 마음을 먹은 건 아니었다. 집에서 도망가고 싶었다. 그때 당시 나에게 결혼은 새로운 선택이었다.

주저앉을 것인가, 일어설 것인가?

1989년 2월, 대학 졸업 후 1년 만에 결혼했다. 88올림픽의 열기가 가시기도 전에 시작된 내 인생, 그것은 또 다른 경기였다. 올림픽은 대한민국이 세계로 들어가는 순간이었다면, 결혼은 나라는 개인이 또 다른 세계로 뛰어든 시작이었다. 변화는 국가와 개인 모두에게 동시에 찾아왔다. 주저앉을 것인가?, 일어설 것인가?. 그 질문은 내 삶 곳곳에 숨어있었다.

당시 사회는 빠르게 변하고 있었다. 민주화 운동 물결이 지나간 자리에 남은 것은 경제 성장 열풍이었다. 모두가 더 나은 미래를 꿈꾸며 앞만 보고 달리던 시기였다. 나 역시 '안정된 미래'를 꿈꾸며 결혼을 선택했다. 결혼에 대한 환상도 기대도 없었다. 사회라는 거

대한 물결 속에서 중심을 잡지 못했던 나는 가정이라는 작은 배를 만들어 그 위에 올라탔다. 엉겁결에 결혼식이 끝나고 신혼여행 첫날 밤 대성통곡을 했다. 결혼했다는 사실이 꿈만 같았다.

전업주부였던 나는 남편이 퇴근할 때까지 할 일이 없었다. 도서관에 가서 책을 빌려서 읽었고 그것도 지치면 붓글씨를 썼다. 결혼은 종착지가 아니라 새로운 시작이었다. 내 부케를 받아 나보다 4개월 늦게 결혼한 친구와 나는 어서 빨리 마흔이 되기를 원했다. 마흔이 되면 인생이 달라져 있을 거라고. 둘 다 엉겁결에 한 결혼이라 적응이 쉽지 않았다.

대기업에 다녔던 남편은 거의 매일 야근이었다. 내 영혼은 날마다 쪼그라들고 있었다. 결혼을 도피처로 생각한 것 자체가 잘못이었다. 뒤돌아보니 매번 중요한 순간에 도망을 쳤던 내 모습이 보였다. 겉으로는 한없이 평온해 보였지만 내 마음은 곪고 있었다. 내가 정신을 차린 것은 첫아이가 생기면서였다. 입덧이 심해 오 개월 동안 토하면서도 태교했다. 어딘가에 정신을 붙잡아 둘 곳이 필요했다. 첫 아이가 태어났다. 이 년 후 둘째 아이도 태어났다. 아이들의 꼼지락거리는 손가락, 새근새근 잠든 모습, 종종거리는 발걸음 모든 게 찬란했지만, 나는 '삶이란 무엇인가'라는 근본적인 질문에 사로잡히기 시작했다. 특히 둘째 아이를 낳고 찾아온 산후우울증은 우물보다 깊었다. "왜, 그래. 힘을 내. 기운을 내란 말이야." 그 말들이 내 귀에 들어오지 않았다. 기운을 내고 싶다고 해서 낼 수 있는 것이 아니었다. 하지만 나에게는 키워야 할 자식이 있었다. 내 손길을 기다리는 아이들이 그나마 나를 움직이게 했다. 아이들을 키우면서 나는 매일매일 작은 변화에 적응해야 했다. 결혼하면 손가락에 물 한 방울 안 닿게 하겠다던 남편은 주말에도 바빴다. 엄마가 될 준비가 되어 있지 않았던 내 마음속에서 때로는 엄마라는 책임이 짐처럼 느껴지기도 했다.

하루하루를 '버텨내는' 것으로 살아가고 있었다. 버티는 것만으로는 충분하지 않았다. 변화하는 시대 속에서 살아남으려면 나 자신도 변해야 했다. 더 이상 꿈만 꾸던 청춘이 아니었다. 내 선택이 가족의 삶에 영향을 미치는 자리에 있었다. 그것은 나에게 두려움이자, 나를 성장하게 하는 힘이었다.

주저앉을 것인가?, 일어설 것인가? 나는 갈림길에 서 있었다. 이대로 살다가는 내가 죽을 것 같았다. 내가 살아야 했다. 더 이상 현실에서 도망치고 싶지 않았다. 나는 여전히 많은 것을 모르고 있었다. 시대는 나를 기다려 주지 않았다. 아이들은 자라면서 더 많은 것을 요구했다. 나는 더 이상 과거의 방식으로는 살 수 없었다. 적응은 단순히 환경에 맞추는 것이 아니었다. 그것은 내 안의 두려움과 마주하고, 내가 누구인지, 무엇을 원하는지를 끊임없이 묻는 과정이었다.

"삶이란 무엇인가?" 이 질문은 아이들이 커 갈수록 더 깊어졌다. 더 이상 주저앉아 있지 않기로 했다. 첫 아이 손을 잡고 둘째 아이를 등에 업고 상담 관련 공부를 시작했다. 공부하면서 나를 다시 바라보았다. 쥐뿔도 없으면서 쥐뿔이 있는 것처럼 살던 내 모습이 보였다. 가장 큰 깨달음은 '완벽할 필요는 없다.'라는 것이었다. 실패하더라도 다시 일어서면 되는 것이었다. 변화에 두려워하지 않고 한 걸음씩 나아가는 것이었다. 상담 공부를 하면 할수록 내 밑바닥에 다가갔다. 빈약한 나를 인정하기 두려워 늘 도망쳤던.

삶은 완벽한 답을 요구하지 않았다. 더 이상 나를 자학하지 않기로 했다. 매일 아침 기도로 시작했다. 어제보다 조금 더 나은 내가 되기를 바랐다. 그렇게 나는 조금씩 변화에 적응해 나갔다.

내 이십 대 전반기는 대학 생활, 후반기는 결혼해서 두 아이를 낳은 것으로 끝이 났다. 대학을 휴학한 후 노동 현장에서 시내버스 안내양을 했고, 교정에서는 자의든 타의든 시위 현장에 있기도 했다. 돌이켜보면 노동 현장에서도 학생운동에도 어정쩡한 회색분자였다. 깊숙이 들어가지 못하고 주변인으로 살았다. 다가오면 도망쳤고, 그 후에는 늘 죄책감에 시달렸다. 그러면서 질문과 답을 찾아가는 여정을 반복했다. 삶은 그렇게, 매일매일 새로운 질문과 답을 찾아가는 과정이었다.

40년이 지난 지금 내 이십 대에게 말해 주고 싶다.

"비록 방황의 연속이었지만 그래도 너는 너대로 잘살았어. 계속 한곳에 머물지 않고 끝없이 나아갔잖아."

이제 나는 안다. 중요한 것은 완벽한 답을 찾는 것이 아니라, 변화의 물결 속에서도 나만의 방향을 잃지 않는 것이다. 적응이란 두려움에 굴복하는 것이 아니다. 두려운 속에서도 용기를 내는 것이자, 그 과정이 바로 삶이었다. 젊은 날 방황과 고뇌가 28년간 내 직업 상담의 토대가 되었다.

3장

직업상담, 시대를 잇는 일이 되다

인생에서 가장 값진 일은 다른 사람의 삶을 밝히는 것이다

_ 헬렌 켈러

그건 운명이었다

"백향목, 백향목, 여기 한번 지원해 봐"

살기 위해 시작한 상담 공부는 재미있었다. 지크문트 프로이트의 정신분석 상담, 칼 로저스의 인간중심 상담, 존 왓슨과 B.F. 스키너의 행동주의 상담, 알버트 엘리스와 아론 벡의 인지행동상담, 프리츠 펄스의 게슈탈트 상담, 윌리엄 글래서의 현실 치료, 알프레드 아들러의 개인심리학 상담과 효과적인 부모 역할 교육, 치료 레크레이션, MBTI, 교류 분석을 비롯한 다양한 이론과 실제를 공부했다. 특히 나는 칼 로저스의 인간중심 상담과 프리츠 펄스의 게슈탈트 상담에 나를 접목했다. 나를 들여다보기 시작했다. 내 안에 들어있는 무엇이 나를 이토록 힘들게 하는가? 늘 경계선 장애에 시달린 나는 누구인가? 물음이 끊임없이 이어졌다. 파면 팔수록 때로는 희열이 찾아왔다. 한번 꽂히면 기어이 하고야 마는 성격이 드디어 나타나기 시작했다. 부모님이 바빠서 아이들을 돌봐줄 수 없을 때면 선생님에게 양해를 구했다. 첫애는 내 옆에 앉히고 둘째는 등에 업고 일어서서 수업을 들었다.

상담실장은 강의실 뒤 벽에 붙은 채용 공고를 가리켰다. A4 용지에 인쇄해서 붙여놓은 공고문에는 일반상담원과 책임상담원을 채용한다는 공고문이었다. 일반상담원은 학사 이상 관련학과 전공이나 상담 관련 경력 2년 이상 등이었고, 책임상담원은 석사 이상 관련학과 전공자나 경력 5년 이상이었다. 근무할 지역은 서울, 대구, 광주였다. 모집기관은 노동부(현 고용노동부)였다.

상담실장이 나에게 지원해 보라고 한 날이 서류 접수 마지막 날이었다. 나는 그때까지 제대로 된 이력서를 써 본 적이 없었다. 그때 나는 결혼 7년 차 전업주부였다. 경험은 청소년상담실이나 가정폭력 상담실에서 상담했던 경력이었다.

취업은 하고 싶었으나 막상 하라고 하니 자신이 없었다. 아이들이 6살, 4살이었다. 망설이고 있자, 상담실장이 그동안 지켜봤는데 백향목이라면 잘할 거 같아서 추천하는 것이니 꼭 지원하라면서 손수 이력서를 가져다주었다. 거기다 추천서까지 써 주었다.

백향목은 상담 공부를 하면서 지은 별명이었다. 상담의 향기가 백 리까지 갔으면 하는 염원을 담은 애칭이었다. 나에게 지원해 보라며 추천서를 써 준 상담실장은 그동안 나를 눈여겨보고 있었다. 수업이 있는 날은 제일 먼저 도착해 맨 앞에 앉아서 강의를 들었다. 두 아이를 키우면서도 과제 제출도 일등, 결석도 단 한 번도 하지 않았다. 그 성실한 모습을 높이 산 거였다. 그뿐만 아니라 상담하는 모습을 내내 지켜보고 있었다.

내가 상담 공부를 시작하게 된 계기는 살기 위해서였다. 둘째 아이를 낳고 찾아온 산후우울증은 시시때때로 나를 수렁으로 밀어 넣었다. 아파트 5층 이상을 올라갈 수가 없었다. 자꾸만 발바닥이 간지러웠다.

혹시라도 책을 읽으면 거기에서 해결책을 찾을 수 있을까? 닥치는 대로 책을 읽었다. 어찌 보면 나는 그리스인 조르바에 나오는 작가 바질이었다. 책을 통해 경험하고자 했던. 발은 땅을 딛고 있었지만, 마음은 늘 허공에 매달려 있었다. 그 어떤 것에도 마음이 담기질 않았다. 도대체 내가 누구인지 알고 싶었다. 살아야 했다. 그래서 시작한 것이 상담 공부였다.

내면에 숨어있는 나는 도대체 어떤 사람인가? 끊임없이 질문을 던졌다. 상담 이론에 제일 먼저 나를 접목해 보았다. 살기 위해 시작한 공부였으니 다른 사람보다 열심히 했을 수밖에 없었던 것인데 그것이 좋게 보였던 거다.

　상담실장의 권유로 이력서와 관련 서류를 준비해서 마감 시간이 거의 다 되어 제출했다. 제출한 후에도 무엇을 어떻게 준비해야 하는지, 노동부가 무엇을 하는 곳인지 몰랐다. 국가기관은 물론 공무원에도 관심이 없었던 터라 조직이라는 개념조차 없었다.

　서류제출을 하면서 우리나라에 노동부라는 기관이 있는지 처음 알았다. 그러니 당연히 구인·구직이라는 말도 처음 들었을 수밖에 없었다. 어찌 보면 취업에 대해 고민다운 고민을 해본 적이 없었다는 표현이 더 맞았다. 대학 졸업하고 딱 한 번 막연히 기자가 되어야겠다는 생각에 봤던 시험이 전부였다. 그러니 무엇을 알았겠는가?

　합격할 거라는 기대는 일도 없었다. 이게 무슨 일이람. 면접을 보러 오라는 연락이 왔다. 그때부터 가슴이 방망이질하기 시작했다. 컴퓨터활용능력에 대한 시험도 있었다. 그때만 해도 컴퓨터가 있는 집이 많지 않았다. 운명이 되려고 그랬나 마침, 시험 보기 일주일 전에 복지관에서 문서 작성 교육을 받은 적이 있었다. 컴퓨터를 켜서 한글 문서를 작성 후 인쇄까지 해서 제출하는 실기시험이었다. 그것은 일주일 전에 전부 해 봤던 것이었다. 실기는 무사히 통과했다.

문제는 면접이었다. 청심환을 먹어도 떨렸다. 입안이 바싹 말랐다. 떨고 있는 나를 보며 친정아버지는 말씀하셨다.

"우리 딸, 절대 기죽지 말고, 혹시라도 아이들이 어려서 직장 생활을 잘할 수 있을까요? 라고, 물어보면 딱 이렇게 말해라. 우리 부모님은 2남 2녀를 그 누구 못지않게 사회에서 제 몫을 할 수 있도록 훌륭하게 키워주셨습니다. 그 부모님이 오늘 제 손을 잡고 딸아, 걱정하지 말아라. 우리 손자들은 네가 일하는 동안 우리가 잘 키워줄 자신이 있으니 너는 일하는 여성으로 당당하게 나가서 사회의 일원이 되어라."라고.

그날 아버지께서 나에게 해 주셨던 그 말을 그대로 면접장에서 했다. "아이가 둘이나 있는데 어떻게 직장 생활을 할 수 있겠느냐." 라는 질문에 또박또박 하나도 떨지 않고 답변했다. 면접을 마치고 집으로 돌아오는 버스 안에서 나는 꼭 합격할 거 같은 예감이 들었다. 마치 오래전부터 정해져 있었던 것처럼, 그건 운명이었다. 들어보지도, 본 적도 없었던. 그렇게 나는 우리나라 최초 직업상담원이 되었다.

우리나라 최초 직업상담원이 되었다

1996년 7월 1일, 내가 처음 출근한 날이다. 그날은 내 인생의 새로운 장이 열리는 날이자, 우리나라 직업상담 역사가 시작된 날이었다. 첫 출근을 하던 아침, 설렘과 두려움이 교차했다. 처음 '직업상담원'이라는 말을 들었을 때, 나조차도 생소했다. 직업을 상담한다는 것이 무슨 의미인지 몰랐다.

직업상담원이라는 그 자체가 도전이었다. 시스템도, 매뉴얼도 없었다. 처음부터 모든 걸 만들어 가야 했다. 그 불확실성이 내 가슴을 뛰게 했다.

첫 출근을 하던 날 아침은 잊을 수 없다. 그 전날 입고 갈 옷을 미리 옷장에 걸어놓았다. 가장 깔끔하고 단정한 옷이었다. 구두도 미리 닦아놓았다. 옷을 차려입고 버스를 탔다. 그 버스는 그동안 내가 탔던 것이 아니었다. 아이 둘 손을 잡고 허겁지겁 탔던, 엄마가 아닌 직장 여성이 되어 버스를 탄 첫날이기도 했다. 단정한 머리, 깔끔한 옷차림, 검정 하이힐. 누가 봐도 직장인의 모습이었다. 드디어 워킹맘이 된 첫날이었다. 설렘과 긴장된 마음을 안고 출근길에 나섰다. 새로운 시대의 문이 열리고 있었다. 전업주부 7년 만에 취업에 성공한 역사를 쓴 날이자, 우리나라 직업상담의 출발점이었다.

직업상담은 1995년 7월 1일 고용보험법이 시행되면서 본격적으로 막이 올랐다.

1996년 7월 서울, 대구, 광주 세 군데 지역에 취업 알선 전문기관인 인력은행이 문을 열었다. 시설은 지자체가 인건비와 운영비는 고용노동부가 제공했다. 인력은 고용노동부 소속이었다. 우리나라 최초 민간 신분 직업상담원 42명이 서울, 대구, 광주인력은행에 배치되었다.

내 직업 상담의 뿌리는 광주인력은행이었다. 무에서 유를 창조한다는 것은 신명 나는 일이었다. 아무것도 없는 황무지에 씨를 뿌리고 길을 내는 일이었다. 모든 게 처음이었다. 우리가 개척자가 되어야 했다. 하나에서 열까지 우리가 만들어 나가야 했다. 무엇을 해야 하는지 구체적으로 아는 사람이 없었다.

사무실 책상 위에는 전화기와 파일뿐이었다. 구직자도 기업도 광주인력은행을 알지 못했다. 무엇을 하는 곳인지 알리는 것이 급선무였다. 전단을 만들어 거의 매일 홍보를 나갔다. 구인 발굴을 하기 위해 차가 있는 직원이 하남공단 관리사무소 앞에 내려주면 2인 1조로 조를 편성해 하남공단 1번 도로부터 9번 도로까지 기업체를 찾아다녔다. 흔쾌히 맞아준 곳은 거의 없었다. 대다수 기업에서 했던 첫마디가 "우린 보험 안 들어요."였다. 그런데도 매일 출장을 나갔다. 구인 기업들이 하나씩 늘어나는 게 신이 났다. 직업상담을 통해 취업한 구직자가 나오면 우린 환호성을 질렀다.

구직자들 홍보 또한 마찬가지였다. 구직자들이 모일 만한 곳들은 어디든 찾아다녔다. 아파트, 도서관, 대학을 비롯한 우리가 하는 모든 일들이 처음이었다. 초창기에는 구직자도 구인 기업도 없었다. 홍보 덕분에 조금씩 늘어났지만, 많은 날도 열 명이 채 넘지 않았다. 그중에서 "여기 은행이죠? 돈 좀 바꿔주세요."라며 오는 사람이 다수였다.

구인 업체든 구직자든 누구 한 명이라도 오면 사무실에 활기가 넘쳤다. 모든 게 수기로 이뤄졌다. 구인 발굴을 통해 구인 기업이 들어오면 작성한 구인표를 책상 위에 있는 파일 속에 끼워 넣었다.

구직자도 마찬가지였다. 구직표를 작성하면 파일에 넣어 관리했다. 파일이 우리들의 무기이자 정보였다. 구직자들에게는 파일에 있는 구인 기업에 대한 정보를 하나씩 제공해 주었다. 구인 기업에도 마찬가지였다. 그렇게 백지상태에서 하나씩 직업상담의 역사를 써 나갔다. 구인 기업과 구직자가 필요하다고 하면 주말에도 구직자를 데리고 동행 면접을 다니기도 했다. 지금 열리고 있는 채용행사의 시발점에는 서울, 대구, 광주인력은행이 있었다. 구인·구직 만남의 날, 채용박람회, 취업특강을 비롯한 각종 채용에 관한 행사들이 인력은행 세 곳에서 시작되었다.

첫 직업상담을 했던 기억이 지금도 생생하다. 그는 일자리를 잃은 가장이었다. 무거운 어깨와 지친 표정 속에는 불안과 좌절이 숨어있었다. 나는 그 앞에서 긴장했다. 과연 이 사람에게 도움이 될 수 있을까? 나는 그저 이야기를 들어주고만 있었다. 첫 구직자에게 취업 알선을 해줄 만한 일자리도 없었다. 어떻게 해야 할지 막막했다. 진심으로 경청했다. 우선 내가 해줄 수 있는 것은 그것이 전부였다. 1시간 정도 자신의 이야기를 털어놓던 그는 나에게 고맙다고 했다. 깜짝 놀랐다. 나는 들어주는 것 외에는 해준 것이 없었다. 나를 찾아오는 사람들이 하나둘씩 늘어나기 시작했다. 그들을 상담하면서 직업상담이 무엇인지 조금씩 깨달았다. 직업상담은 단순히 이력서를 고쳐주고, 취업 정보를 제공하는 것이 아니었다. 그것은 한 사람의 삶을 이해하고, 그의 가능성을 발견해 주는 과정이었다. 직업이란 단순한 생계 수단이 아니라, 그 사람의 자존감과 꿈, 미래와 연결되어 있었다.

1997년은 혹독했다. IMF가 강타한 노동시장은 곳곳에 '정리해고' 바람이 불었다. 광주인력은행에서 순수 취업 알선만 하던 나를 비롯한 3명이 실업급여 업무를 하기 위해 광주지방노동청 직업안정과로 차출되었다. 출근해서 자리에 앉으면 화장실을 다녀올 시간도 없었다. 어떤 날은 점심 먹을 시간조차 없었다. 실업급여를 신청하기 위해 끊임없이 실직자들이 몰려들었다. 내 일은 그들을 직업 상담 한 후 맞는 일자리를 알선해 주는 것이었다. 하지만 일자리가 없었다. 모든 게 일 분이면 끝났다. 구직표를 내고 가면 그뿐이었다. 실직자들이 끊임없이 밀려드는 현실 앞에서 좌절할 수는 없었다. 내가 먼저 정신을 차려야 했다. 내가 먼저 희망을 노래해야 했다. 비록 지금은 고용 사정이 어렵지만 나아질 것이니 실업급여가 끝나면 찾아오라는 말을 잊지 않았다.

나는 일자리를 구하는 수많은 사람을 만났다. 청년, 중장년, 경력단절 여성, 고령자, 은퇴 후 새로운 길을 찾는 이들까지. 그들의 이야기를 들으면서 나는 직업상담에 대한 진정한 가치를 점점 깨닫고 있었다. 사람들은 단순히 취업 정보가 부족한 게 아니었다. 그들에게 필요한 것은 용기였다. 자신을 믿고 나아갈 수 있는. 나는 그들에게 가능성을 발견하는 거울이 되어주었다. 실패를 두려워하지 말라고, 인생은 언제든 새로운 시작이 가능하다고 말해 주었다.

직업상담을 하면서 나는 내 인생도 상담하고 있었다. 수많은 사람의 이야기를 들으며 내가 성장하고 있었다. 때로는 구직자의 변화가 나에게 더 큰 영감을 주었다.

'최초'라는 수식어는 영광이자 책임이었다. 누구도 가 보지 않은 길을 걷는다는 것은 두려움과 설렘이 공존하는 경험이었다. 나는 이 길이 혼자 걷는 길이 아니라고 믿었다. 동료들과 함께 고민하고, 실패를 나누며 우리는 조금씩 앞으로 나아갔다.

수년이 흘러 퇴직한 지금, 그 어느 때보다 더 직업 상담의 가치를 믿고 있다. 시대도 변했다. 상담방식도 달라졌다. 하지만 변하지 않은 것이 있다. 그것은 사람의 본질이다. 누구나 더 나은 삶을 꿈꾸지만, 그 길을 찾기 어려워한다. 어려서부터 적성과 흥미를 발견하고 키워주는 것이 그 어느 때보다 필요하다. 그 중요성을 알기에 기록을 멈출 수 없다. 내가 몸담았던 직업상담 28년간을. 우리나라 최초 직업상담원이었던 내 길은 끝나지 않았다. 그 안에는 대학 시절 노동 현장에서 목격한 아픔과 시대에 저항했던 것들이 농축되어 있는지도 모른다. 직업상담 안에는 그 모든 게 들어 있었다.

직업상담은 한 사람의 인생을 바꾸는 일

'일자리'란 단순히 돈을 벌기 위한 수단이 아니었다. 그것은 사람의 자존감을 지켜주고, 삶의 의미를 찾게 해주는 중요한 요소였다. 상담을 통해 만난 사람들은 일자리를 잃은 후 경제적인 어려움보다도 '나는 더 이상 필요 없는 사람이야.'라는 상실감에 더 크게 좌절했다.

직업상담을 하면서 내가 많이 했던 말이 있었다. "당신은 존재 자체로 소중한 사람입니다." 이 말은 때로는 사람을 다시 일어서게 하는 힘이 되었다. 직업상담은 일자리 소개를 넘어 내면 깊숙한 상처를 어루만지고, 가능성을 발견하게 하는 과정이었다.

상담을 통해 만난 사람들은 각자 그들만의 서사가 있었다. 어떤 이는 작은 가능성 하나에 목을 맸다. 어떤 이는 화려한 경력을 지녔지만, 방향을 잃은 채 살아가고 있었다. 그들은 모두 나의 스승이었다. 그들을 상담하면서 매번 깨달음을 얻었다. 직업은 단순한 생계 수단이 아니라, 한 사람의 자존감을 지탱하는 힘이라는 사실을.

사십이 다 되도록 남편 그늘에 살다 사별 후 취업하기 위해 찾아온, 지금도 기억 속에 또렷이 살아 있는 그녀는 결혼 전에는 촉망받던 예술가였다. 결혼과 동시에 그녀는 자신보다는 가족을 위해 살았다. 남편이 살아 있는 동안 모든 게 평온했다. 아이들도 별 탈 없이 자랐다. 경제적으로도 넉넉했다. 남 부러운 것이 없었다. 갑작스러운 사고로 남편이 죽자, 그녀의 삶은 산산조각이 나 버렸다. 다행히 그녀는 경제적으로 어렵지는 않았다. 나는 그녀의 잠재의식 속에 숨어있는 열정을 다시 꺼내보기로 했다. 시간이 지나자 차츰차츰 그녀의 눈빛은 생기를 찾았다. 그녀는 공부를 다시 시작했다. 박사학위까지 받았다. 나는 그녀가 성장해 가는 모습을 보면서 또 한 번 깨달음을 얻었다. 직업상담이란, 사람의 숨겨진 빛을 찾아주는 여정인 것을.

직업상담 영역에서 '최초'라는 타이틀은 무에서 유를 창조하는 개척자이자 메마른 터전을 옥토로 만드는 것이었다. 그것은 새로운 가능성을 여는 씨앗이었다. 직업상담은 개인의 문제에 국한된 것이 아닌 사회 변화로까지 이어질 수 있었다.

초창기에는 주로 성인을 대상으로 하던 직업상담은 차츰 영역이 넓어졌다. 전 생애에 걸친 직업상담, 진로지도로 확장되었다. 사람마다 가진 적성과 흥미는 달랐다. 직업은 한순간의 선택이 아니라 평생을 좌우하는 중요한 결정이었다. 그런데도 진로지도 영역은 거의 백지 상태였다. 차츰 그 중요성이 대두되기 시작했다. 직업상담은 전 생애에 걸쳐 지속해서 이루어져야 한다는 공감대가 조금씩 형성되었다.

초등학생, 중학생, 고등학생, 대학생들을 대상으로 다양한 진로캠프가 열렸다. 나 또한 수많은 학생을 만났다. 그들 중 단 한 명이라도 내가, 우리가 했던 취업캠프나 컨설팅을 통해 자신만의 길을 찾아갈 수 있다면 그걸로 족했다.

특성화고 취업이 중요한 사회적 이슈로 떠올랐을 때였다. 나는 그때 목포에서 근무 중이었다. 진로지도를 담당한 인원이 1명뿐이었다. 이대로는 안 되겠다 싶어 '첫 배 타고 섬으로' 프로젝트를 기획했다. 진로지도 담당자 혼자는 그 일을 감당하기 어려워 내가 같이하겠다고 했다. 취업 지원팀장을 하고 있었기에 가능했다. 교육청, 전남 서부지역 특성화고와 진로지도 협약체결을 했다. 그 해 우리는 목포, 영암, 강진, 해남, 신안, 완도, 진도 도서 지역 특성화고를 전부 다녔다. 지금은 연륙이 되었지만, 배를 타고 들어가야 하는 곳도 있었다. 우리는 첫 배를 타고 섬으로 들어갔다. 몸은 피곤했지만, 마음은 그 어느 때보다 신바람이 났다. 같이 일하는 동료도, 그 길에서 만난 아이들도 좋았다. 벚꽃이 필 때 시작한 취업특강은 여름이 오기 전에 끝이 났다. 가을부터는 서류와 면접클리닉을 체계적으로 했다.

그때 당시 공무원이나 공기업에 1차 합격한 학생들을 대상으로 면접클리닉을 진행했다. 성과는 실로 놀라웠다. 매일 합격 소식이 날아들었다. "선생님 덕분에 취업에 성공할 수 있었어요. 고맙습니다." 편지와 문자, 전화가 왔다. 그걸로 족했다. 그해 우리는 취업과 진로지도 모든 부문에서 최우수를 받았다. 도서 지역이라 서류전형, 면접클리닉을 비롯한 진로지도 혜택은 도시에 거주하는 학생들보다 상대적으로 열악했다. 그것이 안타까웠다. 내가 할 수 있는 것을 더 많은 학생과 구직자에게 돌려주고 싶었다. 그 마음이 나를 사무실에 앉아 있을 수 없게 했다. 무조건 발로 뛰었다. 학생들이 안정적인 취업을 할 수 있도록, 산업 현장과 연결해 주는 실질적인 취업 컨설팅을 진행했다. 나는 첫 배를 타고 섬까지 들어가 학생들을 만났다. 그렇게 바닷바람을 맞으며 섬으로 가는 배에 몸을 실을 때면, 이 일이 사명이라는 생각이 들기도 했다. 내가 만난 학생 중에서 한 명이라도 자신의 길을 찾는 아이가 있다면, 그걸로 족했다.

동료들과 함께 초등학생, 중학생, 고등학생, 대학생들을 대상으로 진로 체험 캠프도 했다. 청소년들에게 직업의 의미를 알려주는 강의도 했다. 경력 단절 여성들에게는 다시 일어설 수 있는 용기를 주었다. 모든 게 가치가 있었다. 때로는 사소한 것도 놓치지 않았다. "나는 농사밖에 아는 게 없어."라고 말한 농부에게 농업 컨설팅을 안내해 주기도 했다. 변화는 큰 것이 아니라 작은 씨앗에서 시작되었다.

세월이 흐른 후, 오래전 상담했던 구직자에게 날아든 편지 한 통. 그것으로 충분했다.

"선생님 덕분에 제 인생이 바뀌었어요. 이제는 저도 누군가의 꿈을 돕고 싶어요." 그 편지를 읽으며 직업상담원은 하늘이 나에게 준 사명이라 여겼다. 직업상담은 누군가의 삶에 작은 불씨를 심는 일이었다. 그 불씨는 또 다른 사람의 삶을 밝히는 등불이 되었다.

한 끼 밥에 묻어난 정

"직장 생활하는 동안 가장 보람이 있었던 때가 언제였어요?"라는 질문을 종종 받을 때가 있다. 그 질문에 1초의 망설임도 없이 "성취프로그램을 진행했던 때요."라고 답을 한다. 지금도 그 시절을 떠올리면 저절로 입꼬리가 올라간다. 2주에 한 번 하루 6시간씩, 주 5일 동안 적게는 10명에서 많게는 17명까지 참여한 구직자들과 웃고 울었던 그 시간은 내 인생의 황금기였다.

나를 키운 건 구직자들이었다. 성취프로그램을 진행하면서 매일 쏟아지는 감동을 나누고 싶어 글을 썼다. 진행자 교육을 받은 덕분에 어디서나 자신 있게 강의할 수 있었다.

심지어 대통령 앞에서도 성취프로그램 목요일 오전 '만나는 마당' 이력서 쓰기 강의를 했으니. 이쯤 해서 "성취프로그램, 그게 뭐죠?"라는 질문이 나올 법도 하다.

성취프로그램은 고용노동부에서 우리나라 최초로 구직자들의 취업 역량을 강화하기 위해 전문기관에 의뢰하여 만든 집단상담프로그램이다. 지금은 개정을 거쳐 나흘 동안 하루 6시간씩 주 24시간으로 단축되었지만, 최초 프로그램은 5일간 월~금, 오전 9시~오후 4시까지, 주 30시간씩이었다.

성취프로그램의 주목적은 취업 준비를 하는 구직자를 대상으로 구직효능감 및 자신감을 끌어올리고, 이들이 효과적인 구직기술을 습득할 수 있도록 지원하는 것이다.

구직자를 위한 집단상담프로그램이 세상에 나온 해는 2000년이었다. 이것도 우리나라 최초였다. 이름도 생소한, 그것이 무엇인지 제대로 아는 사람은 없었다. 성취프로그램, '이게 뭐지, 아 성공적인 취업으로 가는 지름길의 약자.' 그 정도였다.

첫 진행자 선발 공고가 나왔을 때만 해도 관심이 없었다.

성취프로그램에 참여했던 구직자들의 긍정적인 피드백이 이어지자, 직원들에게도 체험학습의 기회가 주어졌다. 나는 구직자가 되어 5일간 체험학습에 참여했다. 성취프로그램이 끝난 후 '내가 할 일은 바로 이거야, 기회가 주어진다면 반드시 도전해서 진행자가 될 거야.'라고 의지를 불태웠다. 기다리던 2차 진행자 선발 공고가 떴다.

성취프로그램 2기 진행자가 된 것은 나에게는 축복이었다.

면접을 보던 날 어찌나 떨리던지 내가 무슨 말을 했는지 그 기억은 사라져 버렸다. 단지 그때 들었던 피드백은 생생하게 지금까지 남아 있다.

면접이 끝난 후 면접관이 나에게 말해 준 피드백은 진행자가 되어서도 나를 따라다녔다.

"처음부터 잘하는 사람은 없으니 얼버무리지 말고 정확하게, 당당하게, 씩씩하게 하라."는 그 말을 진행자 교육을 받을 때도 강의할 때도 항상 되새겼다.

진행자 교육은 강도 높게 이어졌다. 집체교육, 개별 시연 등을 통해 끊임없이 피드백을 받았다. '말이 빨라요.', '발음이 부정확해요.', '시선 처리가 불안정해요.', '표정이 딱딱해요.', '사투리를 너무 많이 써요.'

수백만 원 수강료를 내고 받을 집단상담프로그램에 대한 진행과 강의에 대한 코칭을 나는 무료로 받았다. 내가 직업상담원이었기에 가능한 것이었으니 행운 중에서도 가장 큰 행운이었다. 그때 나는 집단상담프로그램 진행자가 갖춰야 할 덕목들을 배웠다.

2000년 첫 성취프로그램이 생기고 2001년 두 번째 진행자가 되었으니, 초창기나 다름없었다. 여전히 구직자들을 대상으로 만들어진 집단상담프로그램에 대한 인식이 없었다. 프로그램에 참여한 구직자들에 대한 지원은 최소였다. 필요한 자료 준비물과 약간의 간식비 정도였다.

하루 오전 9시부터 오후 4시까지, 오전은 9시~12시, 오후는 1시~4시까지이니 점심이 문제였다. 무슨 상담이든 신뢰 관계 형성이 중요하듯이 집단상담프로그램 역시 마찬가지였다.

진행자와 참여자 간 신뢰 관계 형성이 프로그램 분위기를 좌우했다. 구직자들과 같이 먹는 점심 한 끼는 그냥 밥이 아니었다.

"점심 드시고 오후에 만나요."라는 말이 입에서 떨어지지 않았다. 끊임없이 중식비를 달라고 건의했지만 예산이 한정되어 있으니 힘들다는 답변만 되돌아왔다. 취업하기 위해 찾아온 구직자들이 무슨 돈이 있겠는가? 그들의 주머니 사정을 잘 알기에 인근 식당에 가서 점심을 사 먹으라고 할 수는 없었다. 고심 끝에 프로그램이 있는 날이면 새벽에 일어나 구직자들 밥을 해서 날랐다. 한 회차당 진행자 포함 최소 12명에서 18명이었다. 진행자 2명이 반반씩 해 왔다.

월요일 점심시간에 "저희가 밥을 해 왔으니 같이 먹어요."라고 하면 놀라던 구직자들의 모습이 눈에 선하다. 화요일, 수요일이 되면 구직자들이 집에서 반찬을 가져와 목요일, 금요일이 되면 식탁이 풍성해졌다. 점심 한 끼를 나눠 먹으며 취업을 위해 고군분투했던 그 시절, 모든 시간이 보람이었다.

지금도 어제 일처럼 생생한 기억이 있다. 하염없이 비가 내리던 날 아침, 프로그램실 문을 열고 들어오던 1기 진행자였던 동료의 표정을 잊을 수가 없다.

"어떡하죠? 딸내미를 안으려다 밥을 엎어버렸어요."

맞벌이 부부였던 동료는 아침이면 딸 둘을 챙기느라 정신이 없었다. 그 와중에도 구직자들과 같이 먹을 도시락통을 챙겨오다 손이 미끄러져 비가 내리는 길에 밥이 떨어져 버린 거였다. 우린 중식비 예산이 내려오긴 전까지 구직자들 밥을 집에서 해 왔다.

후배들에게 이 이야기를 하면, "어떻게 그렇게까지 할 수 있었어요."라고 묻는다. 그에 대한 그럴듯한 답이 떠오르질 않는다. 단지, 내가 하는 일이 좋았고 집단상담프로그램을 진행할 때마다 긍정적으로 변해가는 구직자들의 모습을 보는 것만으로도 행복했다.

무엇보다도 나를 나아가게 했던 것은 "선생님 덕분에 취업할 수 있었다."라는 그 말이었다. 그것은 서로를 살리는 꿈이자 희망이었다.

직업상담 그 길에서 만난 사람들 1

퇴직하기 전까지 무수히 많은 사람을 만났다. 나를 찾아오는 사람은 저마다 사연이 있었다. 좌절과 도전, 실패와 성공, 상실과 희망이 뒤섞인 그들 사연 속에서 나는 '기회'라는 단어의 진정한 의미를 배웠다. 그들과 울고 웃었던 이야기 속에는 치열한 삶이 있었다.

<절망 끝에서 만난 희망>

직업상담을 시작한 지 5년이 되지 않았을 초창기 때였다. 그는 아무 말 없이 내 앞에 앉았다. 눈동자는 힘이 없었고, 얼굴에는 그 어떤 표정도 들어 있지 않았다. 가을 끝자락인데도 겉옷은 얇았다. 잠바 안에는 반소매 티를 입고 있었다.

그는 20년 넘게 다녔던 직장에서 97년 IMF 때 해고를 당했다며 털어놓았다. 마음에 준비를 어느 정도 하고는 있었지만, 막상 닥치니 마음속을 파고든 절망감은 이루 말할 수 없었다. 20년 동안 쉬는 날조차 마음 편히 쉬지 못하고 일이 전부인 것처럼 매달리며 살았던 삶이었다.

그때 당시 산골에서 대학에 갔던 사람은 다섯 명도 되지 않았다. 그만큼 부모님도 자신에게 거는 기대가 컸다. 부모님 기대에 부응하듯, 내로라하는 기업에 들어갔다. 부모님은 며느리에 대한 기대도 컸다. 하지만 그는 부모의 반대를 무릅쓰고 그때 당시, 자원봉사를 다니던 곳에서 만난 지체 장애가 있는 여자와 결혼했다. 월급은 단 한 푼도 쓰지 않고 아내에게 주었다. 자신은 출장비나 기타 경비로 용돈을 썼다. 살림도 잘하고 두 아이도 잘 키워주는 아내가 고마웠다. 자신에게 뉴스에서만 보던 일이 닥칠 거라는 생각은 단 한 번도 해본 적이 없었다. 정리해고를 당하고 시름에 빠진 그에게 처음에는 아내도 "금방 재취업을 할 테니 걱정하지 말라."며 위로했다.

재취업은 생각보다 쉽지 않았다. 정리해고는 계속 이어졌고 일자리는 없었다. 이대로 살아서는 안 되겠다는 생각에 치킨집을 했다. 2년 동안 빚만 늘었다. 그러던 어느 날 아내가 이혼을 요구했다. 더 이상 당신하고 못 살겠다고. 나중에 알고 보니 부동산에 관심이 많았던 아내 앞으로 건물과 땅이 곳곳에 있었다. 그 모든 게 자신이 벌어서 준 돈이 종잣돈이 되어 쌓은 것이었다. 그런데도 아내는 경제적인 능력이 없는 자신과 더 이상 살 수가 없다고 했다.

이혼 후 부모님이 계신 선산에 가서 자살할 생각으로 기차를 타고 내려왔다. 버스터미널로 가기 위해 배회하다 '일자리를 찾고 계십니까?' 구인 업체와 구직자를 연결해 준다는 홍보문구를 보고 들어왔다고 했다.

나는 그저 조용히 그의 이야기를 들었다. 때로는 말보다 경청이 더 큰 위로가 된다는 걸 알고 있었기에. 그의 이야기가 끝난 후, 나는 조심스럽게 물었다.

"혹시 지금 마음속에 품고 있는 것이 있다면 3개월만 미루시면 안 될까요?"

그와 인연은 그렇게 시작되었다. 그는 5일간 오전 9시부터 오후 4시까지 우리 사무실로 출근했다. 집단상담프로그램에 참여했고 끝난 후 그때 당시 공공근로였던 구인 개척 요원에 선발이 되었다. 날마다 기업체를 방문해서 구인표를 받아오는 일이었다. 그는 우리 사무실 근처에 달방을 얻었다. 차츰차츰 얼굴에 화색이 돌기 시작했다.

구인 개척을 하면서 자신의 일자리도 스스로 발굴했다. 기업체를 방문해 보니 현실이 보이더라는 그는 석 달이 되기 전에 하남공단에 있는 중소기업 자재관리부에 취업했다. 오십이 다 되어 재취업에 성공한 것은 지금도 쉽지 않지만, 그때는 더 어려웠다. 어떻게 구인기업을 찾았냐고 물어봤다. 그가 선택한 것은 사전탐방이었다. 구인 발굴을 다니면서 마음에 든 기업을 발견하고 날마다 들러서 구인이 있는지 알아봤다. 자재 쪽에 인원이 부족하긴 한데 사정이 어려워 채용하지 못하고 있다는 정보를 알아냈다. 경력직이지만 월급은 많지 않아도 된다며 그동안 자신이 했던 일들을 최대한 드러냈다. 나이가 너무 많아서 안 된다고 했지만, 그는 좌절하지 않았다. 일을 하는 모습을 보고 결정해도 된다며 사장을 설득했다. 그는 취업에 성공했다. 간절한 마음이 취업이라는 길을 만들어 낸 것이다.

그는 미소를 되찾았다. 다음 주부터 출근한다며 깔끔한 복장으로 인사를 하러 왔던 그의 모습이 눈에 선하다. 그는 첫 월급을 받은 날, 고맙다며 빵을 사 오기도 했다. 그 이후로도 지속해서 잘 다니고 있다며 안부 전화를 걸어오곤 했다. 그는 나에게 자신을 살린 은인이라고 했다.

나는 단지 그의 마음속에 숨어있는 살고자 하는 의지를 끄집어내 준 것뿐이었다. 그때 얻은 깨달음이 있었다. 기회란, 이미 그 사람

안에 존재하지만, 누군가가 그것을 발견해 주는 순간에 비로소 살아난다는 것을.

<포기와 도전 사이에서>

그녀는 40대 중반 주부였다. 중소기업에서 경리 업무를 봤던 그녀는 결혼과 동시에 전업주부가 되었다. 이십 대 중반에 결혼한 그녀는 아이들이 대학에 들어가자, 자신이 할 수 있는 일을 찾고 싶었다. 결혼 전에 쌓았던 경력은 이미 쓸 수가 없었다. 막상 일을 하려고 보니 할 줄 아는 것이 없었다. 어디서부터 시작해야 할지 몰라 막막해하고 있었다.

"저 같은 사람을 필요로 하는 곳이 있을까요?"

그녀의 목소리에는 자신감이 없었다.

그녀가 과거에 했던 일들, 가정에서 쌓은 능력을 천천히 정리해 보라고 했다. 예를 들면 자녀를 키우면서 시간 관리를 어떻게 했는지, 가정에 문제가 발생했을 때 어떤 식으로 해결했는지를 하나씩 써 보라고 했다. 그녀는 A4 가득 써 내려갔다. 애들만 키웠지. 자신이 쓸모 있는 일을 한 적이 없다던 그녀는 자신만 몰랐지 대단한 능력을 갖추고 있었다.

"무엇을 하실 때 가장 행복하다고 느끼셨어요?"라는 질문에
"내가 만든 음식을 사람들이 맛있게 먹는 모습을 보면 행복해요."
라고 했다.

나는 그것에 집중했다. 집에서 음식을 잘 만드는 것과 자격증을 취득한 것은 별개였다. 우선 직업훈련 한식 조리사과정을 다닌 후 조리기능사 자격을 취득하자고 했다. 그녀는 훈련을 수료한 후 자격증 시험에 합격했다. 그녀는 어린이집 조리사로 취업이 되었다.

"선생님, 저는 일을 찾은 게 아니라, 저 자신을 다시 찾은 것 같아요." 월급을 받아 "이거 엄마가 일해서 번 돈이야. 자, 용돈."이라며 아이들에게 봉투를 내밀자, 아이들이 손뼉을 치더라며 환하게 웃었다. 친정에도 자신이 번 돈으로 선물을 할 수 있으니 좋다는 그녀의 말은 내 가슴 깊이 남았다.

직업상담은 단순한 취업 지원이 아니었다. 잃고 살아온 자기 자신과 다시 연결고리를 만들어 주는 과정이기도 했다.

<청춘의 방황과 재발견>

한 번은 대학을 갓 졸업한 청년이 찾아왔다. 그는 학벌도 좋았고 자격증도 많았다. 문제는 진로에 대한 확신이 없었다.

"저는 무엇을 해야 행복할지 모르겠어요. 대학도 부모님이 가라

고 하는 곳으로 갔지만 행복하지 않았어요. 직장조차도 그러고 싶지 않아요."

그의 눈 속에는 절박함이 있었다. 공기업, 대기업에 취업이 된 친구도 공무원이 되어 자리를 잡은 친구도 있지만 자신은 방황하는 중이라 했다.

"그동안 적성이나 흥미검사를 해본 적이 있어요."라고, 묻자 해본 적이 없다고 했다.

나는 그를, 청년층을 대상으로 진행하고 있던 구직의욕 고취 진로지도 프로그램인 CAP 프로그램에 참여하게 했다. 4일간 하루 6시간씩 12~15명이 프로그램실에 모여 자신의 진로와 적성을 찾아가는 청년층을 대상으로 하는 집단상담프로그램이었다. 그는 흥미와 가치관을 탐색했다. 좋아했던 과목, 흥미를 느꼈던 프로젝트, 중요하게 여기는 삶의 가치들, 객관적인 데이터를 바탕으로 자신과 대화했다. 자신이 무엇을 좋아하는지, 무엇을 해야 행복할 수 있는지.

그는 자신이 사람들과 소통하고 문제를 해결하는 것을 좋아한다는 사실을 깨달았다. 부전공으로 사회복지학을 했던 그는 사회 복지사 2급 자격증을 가지고 있었다. 그는 사회 복지사로 취업했다. 자신이 좋아하는 일을 찾아 그 길을 선택했다.

"하루하루가 도전이지만, 제가 하는 일이 누군가에게 도움이 된다는 걸 느낍니다."라며 미소 짓던 그 얼굴이 떠오른다. 비록 친구들보다는 월급도 적지만 일에 있어서는 자부심을 느낀다는 그는 나중에 그 분야 박사학위까지 취득했다. 지금은 후학을 양성하고 있다.

그때 대기업에 들어갔던 친구들이 지금은 퇴직을 고민하고 있지만 그는 방황 끝에 찾은 직업에 날개를 달고 있다. 직업상담은 이처럼 한 사람의 인생을 바꿔놓을 수도 있는 숭고한 일이었다.

<작은 용기가 만든 변화>

돌이켜보니 직업상담에서 가장 중요한 것은 '작은 용기'를 끌어내는 것이었다. 대다수 사람이 변화를 꿈꾸면서도 두려워했다. 변화란 큰 것이 아니었다. 아주 작은 한 걸음에서 시작되었다. 실패와 좌절, 불안, 나이에 대한 두려움, 무경력. 이 모든 걸 극복하는 첫걸음은 '한 번 더 도전해 보겠다.'라는 작은 용기였다.

그날도 출근해서 커피 한잔을 손에 들고 있었다. 진회색 양복을 입은 50대 남성이 찾아왔다. 척 봐도 관록이 있어 보였다. 그는 대기업에서 퇴직 후 중견기업에서 임원까지 했던 경력이 있었다.

"나이가 많아 어디서도 받아주지 않을 겁니다." 그는 자리에 앉자마자 단언했다.

상담이 길어질 것 같아서 "혹시 달달한 커피 한 잔 드릴까요?"라고 했더니 고맙다고 했다.

우리는 함께 그의 경력을 되짚었다. 오랜 국내외 영업 경험, 프로젝트를 이끈 통솔력, 위기 상황 대처 능력. 감정에 휘둘리지 않은 상황 판단 능력. 이 모든 게 강점이었다.

그는 그 강점을 살려 중소기업 고문으로 재취업했다. 그는 경제적으로 부족한 사람이 아니었다. 직장 생활을 하는 동안 재테크에도 수완을 발휘해 노후까지 먹고 살 걱정이 없는 사람이었다. 더 늦기 전에 도전해 보고 싶어서 찾아온 것이었다.

"실은 관공서라 별 기대 안 하고 왔는데, 기대 이상입니다. 제가 생각했던 것보다 훨씬 더 많은 걸 할 수 있었네요." 능력이 출중했던 그는 내 도움 없이도 재취업에 성공할 수 있는 사람이었다. 그가 나에게 찾아온 것은 어쩌면 나를 통해 다시 한번 자신을 확인하고 싶었는지도 몰랐다.

"어떤 변화에도 상황 대처 능력이 뛰어나니 잘해 내실 거예요."라는 그 말을 듣고 싶었는지도. 나는 그에게 이 말을 했다. "여기까지 오신 것만으로 이미 변화를 받아들이신 거라고."

<인생을 바꾸는 말 한마디, "당신은 괜찮습니다.">

직업상담을 하면서 매번 뭉클해지는 순간들이 있었다. 생기라고는 없던 눈빛이 다시 살아나는 순간, 핏기 없는 얼굴에 미소가 떠오르는 순간, 상담 내내 고개를 숙이고 있던 사람이 고개를 들어 반짝이는 눈으로 나를 쳐다보던 순간, 그것은 마음이 조금씩 열리고 있다는 신호였다. 그 변화는 말 한마디에서 시작되곤 했다.

"괜찮아."

"괜찮아요."

"이제 당신은 괜찮습니다."

어느 날, 30대 후반 구직자가 나를 찾아왔다. 라디오 방송에서 목소리를 듣고 찾아왔다는 거였다. 그는 한동안 말이 없었다. 말문이 열릴 때까지 기다렸다. 대신 구직표를 쓰라고 내밀었다. 글자 하나하나를 심사숙고했다. 이름을 쓸 때조차도 한참 뜸을 들였다. 학력을 쓸 때도, 경력을 쓸 때도, 한동안 들여다보고 있었다. 마침내 칸을 채우고 그는 나에게 구직표를 내밀었다. 얼굴에 표정이 없었다.

"이제 뭘 해야 할지 모르겠습니다. 저는 실패자입니다."

그의 목소리에는 절망이 가득했다. 다짜고짜 실패했다고 말하는 사람은 없었다. 대부분은 한참 주변 이야기를 하다 나중에 어렵게 실패담을 꺼냈다.

나는 조용히 그의 이야기를 들었다. 이십 대부터 자영업을 했다. 아버지가 돌아가시자 부모님이 하셨던 PC방을 물려받았다. 꽤 많은 돈을 벌었다. 하다 보니 욕심이 생겼다. 옆 상가 피자집을 보니 장사가 잘되었다. 피자가게까지 인수했다. 두 가게를 동시에 관리하기가 쉽지 않았다. 아르바이트생을 두 배로 고용했다. 인건비가 두 배로 나갔다. 사업장이 한 곳일 때는 그곳에 전념했으나 두 곳이 되자 둘 다 어정쩡하게 되어 버렸다. 몸은 두 배로 피곤한데 큰 벌이가 되지 않았다. PC방을 할 때보다 오히려 수입은 줄어들었다.

그러던 차에 친구가 자기가 알고 있는 작은 공장이 있는데 그것을 인수해서 해보라고 했다. 사업 수단이 좋으니 잘할 거라며. 잘됐다 싶었다. PC방과 피자집을 정리하고 공단에 있는 작은 공장을 인수했다. 금형을 만드는 곳이었다. 친구는 금형 기술자가 있으니 와서 사업만 하면 된다고 했다.

그 말을 믿은 것이 잘못이었다. 세상에 쉬운 것은 단 하나도 없었다. 1년도 되지 않아 가게를 판 돈을 다 날렸다. 그 이후 자신이 패배자라는 생각에 아무것도 할 수 없었다. 날마다 술이었다. 그러다 보니 부부싸움이 잦아졌다.

6개월 정도 지나자, 아내가 이대로는 더 살 수 없으니, 이혼하든지 일자리를 찾아보든지 둘 중 하나를 하라고 했다. "그래 이혼하자, 이혼." 큰소리치고 집을 나와 술을 사러 마트에 들어갔다. 그곳에서 라디오에서 흘러나오는 내 목소리를 들었다는 거였다. 일자리가 필요하시거나 직업상담이 필요하신 분은 광주인력은행으로 오라는. 나는 거기에 주목했다. 그 상황에서 내 목소리를 들었다는 건 그에게 의지가 있다는 거였다. 나는 그의 말을 다 듣고 난 뒤 이 말을 해줬다.

"여기 오신 것만으로 이미 잘하신 겁니다. 괜찮아요. 괜찮아지실 거예요. 이야기를 들어보니 지금까지 실패하신 게 아니라, 단지 실패를 경험한 것뿐이라는 생각이 들어요. 실패는 끝이 아니라 배움의 과정이기도 하니까요."

내 말을 들은 그의 눈빛이 반짝였다. 세상에 태어나서 그렇게 말을 해준 사람을 처음 만났다고 했다. 나는 그와 함께 그의 경험 속에서 배운 것들을 찾아내기 시작했다. 사업은 실패했지만, 그 과정에서 쌓은 네트워크와 추진력은 소중한 자산이었다.

일단 이혼할 거냐고 물었다. 절대로 이혼은 하고 싶지 않다고 했다. 그러면 앞으로 어떻게 살고 싶은지 계획을 세워서 가져오라고 했다. 계획을 세울 때는 단기와 장기로 나눠서 하고 싶은 것, 하고 싶지는 않지만, 할 수밖에 없는 것까지 적으라고 했다.

그는 다음날 수첩 세 장에 본인의 계획을 적어 왔다. 이십 대 중반부터 자영업을 했던 사람이라 예리한 구석이 있었다. 나는 그에게 수첩을 가지고 가서 아내를 설득하라고 했다. 다시 일어설 테니 지켜봐 달라고. 대신 이번에는 남의 말만 믿지 말고 철저한 시장조사와 그동안 했던 경험치를 최대한 활용해서 도전하기로 약속했다.

다시 나를 찾아온 그의 수첩 안에는 자금 충당 계획과 그동안 그것을 실행하기 위해 만난 사람들 목록까지 들어 있었다. 그는 중소기업 창업 지원금을 받았다. 부족한 돈은 그동안 거래했던 은행에서 대출받아 다시 도전했다. 자리를 잡기 전까지 몇 번의 고비는 있었지만, 예전에 그가 아니었다.

그는 사업이 어느 정도 안정이 되자 나를 찾아왔다.

"선생님, 그날 선생님의 한마디가 제 인생을 바꿨습니다. 괜찮다는 것과 실패를 경험한 것뿐이라는 그 말이 저를 살렸습니다. 고맙습니다."

나는 지금도 이 말을 자주 한다. 나에게도 주변 사람들에게도.

"괜찮아."

"괜찮아요."

"당신은 괜찮습니다."

이 짧은 말이 누군가에게는 인생의 전환점이 될 수 있기 때문이다.

<덕분에 다시 일할 수 있어요>

"다시 일할 수 있게 된 것은 선생님 덕분이에요."

이 짧은 문장이 가진 울림은 말로 다 표현할 수 없다. 지금도 '덕분에'라는 말을 들으면 가슴이 뛴다. 내가 누군가에게 덕분이 되었고 나 또한 누군가의 덕분에 이리 찬란한 60대를 살고 있으니 말이다.

대다수 경력 단절 여성들에게는 공통점이 있었다. 전업주부로 살아온 자신의 가치를 너무 낮게 여기고 있다는 거였다.

전업주부라는 가치는 돈으로 환산할 수 없는 그 이상이라는 생각을 늘 하고 있었다. 최초 직업상담원이 되기 전까지 나 또한 7년간 전업주부를 했다. 전업주부였을 때, 나 또한 그들과 다를 것이 없었다.

직장 생활하는 친구들을 볼 때면 나만 뒤처져 있는 것 같았다. 특히 나를 견딜 수 없게 한 것은 명절이나 부모님 생신, 양가 행사 때 같은 선물을 하더라도 친정에 들어가는 것은 눈치가 보였다. 남편은 나에게 월급을 주면, 그 돈을 어디에 쓰는지 그것으로 무엇을 하는지 단 한 번도 물어본 적이 없었다. 그럼에도 스스로 주눅이 들었다. 그런 마음이 든다는 것이 때로는 견디기 힘들었다.

경제적인 주체성이 없다는 것만으로도 내 삶이 남편에게 종속되어 있다는 느낌이 들었다. 독립적인 인간이 아닌 때로는 종이 인형 같다는. 그 속에는 누구의 엄마, 아내는 있는데 이명숙이라는 내 이름은 없었다. 둘째 아이를 낳고 찾아온 산후우울증을 파고들어 가보니 그 안에 이런 내 모습도 있었다. 그런 과정을 겪었기에 그 누구보다도 나를 찾아온 전업주부들의 마음을 잘 이해하고 있었다.

"애들만 키웠지, 할 줄 아는 것이 하나도 없어요."

남편이 벌어온 수입으로 쪼개고 쪼개서 가정의 평화를 지키고 아이들을 키워낸 그녀들은 스스로 가치를 폄하하고 있었다. 아이들이 어느 정도 성장하기까지 세상의 모든 중심을 자식들에게 맞춰 살았던, 그녀들에게 찾아온 빈둥우리증후군은 깊었다. 말문이 열리기 시작하면 끝이 없었다. 공통으로 나오는 말은 "무어라도 하고 싶은데 어떻게 해야 할지 모르겠어요"였다.

나는 그녀의 삶 속에 숨어있는 보이지 않는 가치에 집중했다. 아이를 키우며 쌓은 시간 관리 능력, 가정의 살림을 책임지며 익힌 조직력, 가족 구성원들을 돌보며 키운 문제 해결 능력. 나는 분명히 보았다. 그 안에 숨어있는 무한한 가능성을. 그것은 나를 통해서도 입증이 된 것이기도 했다.

오랫동안 전업주부로 살다 일자리를 찾으러 온 구직자를 만나면 내 이야기를 해 줬다. 7년간 전업주부를 하면서 느꼈던 마음속에 갈증과 허기들. 살기 위한 몸부림들을. 무엇보다도 전업주부를 해 본 경험이 있었기 때문에 그녀들의 가치를 더 잘 알 수 있었다. 전업주부였을 때, 나 역시 그녀들과 같은 생각을 하고 있었다. 아무것도 할 것이 없고, 할 줄 아는 것도 없는 사람이라는. 하지만 워킹맘이 되어보니 그것이 아니었다. 전업주부는 워킹맘을 능가하는 고귀한 직업이었다. 워킹맘이 된 후 아이들과 함께 할 수 있었던 많은 것들을 놓치고 있었다. 아무리 애를 써도 직장생활하는 엄마의 빈자리는 표가 났다. 워킹맘이 일을 할 수 있는 배경에는 누군가의 희생이 있었다. 나는 친정 부모님이 그것을 대신했다. 그렇다 하더라도 엄마의 빈자리가 채워진 것은 아니었다. 그 과정을 겪으며 내가 전업주부로 살았던 그 시간의 가치와 소중함을 깨닫게 되었다.

"당신은 이미 많은 것을 해왔어요. 다만 스스로 보지 못했을 뿐입니다."

자괴감에 빠져있는 경력 단절 여성들에게 내 경험담과 함께 이 말을 해주었다. 그 말이 그녀의 마음에 작은 불씨를 심었다. 어떤 이는 직업훈련을, 어떤 이는 스스로 길을 개척해 나갔다. 그녀들이 원하는 일자리는 큰 것이 아니었다. 소소하지만 당당하게 돈을 벌어서 남편과 아이들에게도 또 다른 엄마의 모습을 보여줄 수 있기를 원했다. 나와 함께 취업을 준비했던 많은 경력 단절 여성들이 제 길을 찾아갔다. 그들에게 가장 많이 들었던 말은 "선생님, 덕분에 시작할 수 있었어요."였다. 그런 편지나 전화를 받은 날은 마음이 몽글몽글해졌다. 그 말속에 내 모습이 들어 있었다. 나도 상담실장님의 한마디, "백향목이라면 잘할 수 있을 거야."라는 그 말에 용기를 얻었다. 나는 직업상담을 하면서 내가 받은 은혜를 되돌려주고 있었다.

<직업상담은 용기의 씨앗을 틔우는 일>

직업상담은 누군가의 인생에 작은 씨앗을 심는 일이었다. 그 씨앗은 바로 싹을 틔우기도 하지만, 때로는 시간이 걸리기도 했다. 중요한 것은, 그 씨앗이 존재한다는 것을 믿는 믿음이었다.

나를 찾아온 대다수는 누군가의 지지가 필요해서 온 사람들이었다. 이미 능력이 출중해서 굳이 우리에게 올 필요도 없는 사람도 있었다. 그들은 자신이 원하면 바로 씨앗을 심을 수 있었다. 하지만 그 사람의 내면으로 들어가 보면, "충분히 잘하고 있어요. 괜찮아요."라는 인정과 지지가 결핍되어 있었다.

※

탁월한 능력이 있는 사람은 그 안에서 경쟁했다. 능력을 갖추지 못한 사람은 그 안에서 또 다른 싸움을 하고 있었다. 한 발짝이 아니라 그 반 발짝이 문제였다. 어디를 가든지. 무엇을 선택하더라도. 그 반 발짝만 나서면 기적은 매일 일어나고 있었다.

※

내가 그동안 축적한 모든 경험이 직업상담 현장에 녹아들었다. 전업주부로 살았던 삶, 열악하고 비참한 환경 속에서 8개월 동안 근무했던 시내버스 안내양, 시위대 속에 있었던 그때 그 마음이 어떤 것을 하더라도 정성을 쏟게 했다. 직업상담은 숙명이었다. 구직자들이 나를 찾아와 풀어놓은 주옥같은 이야기를 그대로 묵혀 둘 수 없었다. 때로는 웃음이, 때로는 눈물겨운 꿈을 향해 고군분투하는 삶의 현장이 내 곁에 있었다.

※

나는 그들의 이야기를 써 내려갔다. 처음에는 소설로 쓰려고 했다. 무의식 속에 들어 있던 대학 때 썼던 단편소설을 끄집어냈다. 소설을 쓰자니 너무 막연했다. 소설 창작아카데미에 들어갔다.

일주일에 한 번씩 퇴근 후 의지를 불태웠지만, 내 상황은 녹록지 않았다. 돌봐야 할 가족은 곁에 있었고 소설은 멀리 있었다. 그때 당시 사고를 당해 남편이 병원에 입원해 있었다. 퇴근하면 병원으로 새벽이면 아이들이 있는 친정으로 가서 애들 얼굴을 본 후 출근했다. 그나마 숨을 쉴 수 있었던 건, 일주일에 한 번 있는 소설창작 수업이었다. 소설이라고 할 수도 없는 글들을 썼다. 소설은 호흡이 긴 글들이라 병원에서 친정으로 오가며 쓰자니 체력이 금방 고갈되어 버렸다. 글을 써야 하는 데 쓸 수 없으니, 마음은 점점 나락으로 떨어졌다. 내 밑바닥 상태는 그랬는데 남들 눈에는 여전히 씩씩하고 긍정적인 사람이었다. 나중에 그때 내 상황을 들은 주변 사람들이 놀라워했다. 너무 밝아서 그렇게 힘들었다는 것을 알지 못했다고. 힘들었던 것은 사실이었지만, 나는 구직자들을 상담하면서 성장하고 있었다.

소설을 쓰는 대신 내가 만난 사람들에 대한 감동을 매체에 기고하기 시작했다. 내가 쓴 글을 읽고 단 한 사람이라도 희망을 찾아갈 수 있기를 바라는 마음으로. 지역신문은 물론 오마이뉴스, 국정브리핑, 여성 저널을 비롯한 셀 수 없이 많은 매체에 글을 실었다.

2000년 2월에 창간된 오마이뉴스는 시민기자로, 국정브리핑은 넷포터로 활동했다. 매체에 실린 글을 보고 방송국에서 섭외가 끊임없이 들어왔다. 글에 등장하는 주인공을 방송에 소개하고 싶다는. 그렇게 나를 웃고 울게 만든 감동이 싹이 나 꽃으로 피어나고 있었다.

직업상담 그 길에서 만난 사람들 2

꿀잠을 자고 일어난 새벽, 책장을 뒤졌다.

혹시나 정리해 놓은 자료들이 있을까 기대하며, 한쪽 벽면을 가득 채운 책들 사이를 꼼꼼히 살폈다. 책장 어디에도 파일은 없었다. 기억의 오류일까? '엊그제 일도 바로 잊어버리는 데 그 자료들이 있을 리 없지.'라는 생각과 '아니야 어딘가에 반드시 보관해 두었을 거야.'는 마음이 동시에 들었다. 책장 밑 서랍을 열었다. 앨범들을 차곡차곡 쟁여놓은 첫 번째, 두 번째, 세 번째에도 없었다. 마지막 서랍만 남았다. 이곳에 없으면 없는 건데, 제발 여기에 있어라. 어느새 기도하고 있었다. 간절한 마음으로 서랍 문을 열었다. 있었다. 찾고 있던 파일들이.

'있었구나, 있었어. 어디 안 가고 있어 줘서 고마워'

2000년부터 각종 매체에 기고했던 칼럼과 에세이를 모아 놓은 자료들이 5개 파일에 들어 있었다. 파일 안에 하나씩 들어 있는 것도 있었고, 미처 정리가 안 된 것들은 파일 사이에 있었다. 그 글 안에는 워킹맘이었던 내 모습과 다양한 구직자들의 사연과 고군분투하는 삶들이 고스란히 들어 있었다. 20년이 넘은 시공간을 뛰어넘어 글이 나에게 온 순간이었다. 새벽에 그 글들을 들여다보는데, 가슴이 먹먹했다. 그 안에는 사람을 바라보는 따스한 시선과 일에 대한 열정, 꾸밈없는 진정성이 녹아 있었다. 내 젊은 날의 초상이 예순이 넘은 나에게 진심을 전하고 있었다.

"너 그동안 이렇게 살았구나. 그 누구보다 열심히 최선을 다해."

순간, 눈물이 핑그르르 돌았다. 30대, 40대에 썼던 글들을 읽으며 그때는 예순이 넘어 이 글을 읽을 거라는 생각을 했을까? 그때 예순 살은 나에게 너무 먼 나이였다.

이제 그 나이가 되어 20년 전에 내가 기고했던 글들을 다시 읽는다.

구직자들을 상담하면서 직업상담 현장에서 느낀 생생한 사례들을 읽으면 읽을수록 '이건 20년 전 기록인데, 지금도 여전히 진행 중이잖아.' 거의 변한 것이 없다는 사실에 놀랐다. 취업에 대한 청년들의 고민도, 고령자에 대한 대책도. 단지 변한 것은 내 나이였다.

그 시절은 가고 이제 예순이 넘어 그때 써놓은 글들을 정리하고 있다. 이 글들이 이제는 기록이 되리라. 그때 글을 쓰지 않았다면 이 기록들이 남아 있지 않았겠지. 20년 전 써놓은 글들을 선물처럼 받은 새벽, 기록의 문을 연다.

<가장 큰 힘의 원천은 가족의 지지와 응원>

삼십 대를 지나 막 마흔이 된 내가, 가지런한 단발머리를 귀 뒤로 넘긴 서른아홉을 지나 마흔이 된 내가, 육십이 된 나를 보며 웃고 있다. "마흔이라는 나이는 우리에게 어떤 의미일까?" 이십 대 시절, 친구와 나는 마흔이 되면 이십 대의 갈증과 고통이 사라질 줄 알았다. 마흔이 되길 간절히 기다렸다. 그때가 되면 모든 게 명확해질 줄 알았다. 마흔이 되자 삶은 더 깊어졌고, 짊어져야 할 무게는 더 무거워졌다. 뒤돌아보니 가장 힘들었던 시기가 나에게는 사십 대였다. 무엇 하나 손에 잡힌 게 없었다. 늘 마음은 허공에 있었고, 발은 매번 허방에 빠졌다.

그 마음을 부여잡고 집단상담프로그램을 진행했고 강의했으며 직업상담을 했다. 늘 웃었다. 그 시절 나의 페르소나는 긍정과 웃음이었다. 웃으니 웃을 힘이 생겼고, 위로와 지지를 하다 보니 그 위로와 지지가 나에게로 돌아왔다.

그때, 나를 지탱해 준 것은 무엇이었을까?

돌이켜보니, 그때 내 곁에 있었던 건 가족과 일, 글이었다. 남편과 아들, 딸이 있었다. 일주일에 평균 두 편 이상 기고를 해야 할 매체가 있었다. 30대와 40대 그 긴 터널을 빠져나올 수 있었던 건 기다리는 아이들과 쓸 수 있는 글이 있어 가능했다.

30대, 40대 나를 찾아가는 과거 여행을 하면서, '이건 꿈이 아닐까? 나에게도 그런 시절이 있었던 것일까? 분명 유아기, 청년기, 장년기를 지나왔음에도 불구하고 하늘에서 이 시간으로 툭 떨어져 버린 것은 아닐까?'라는 착각에 빠지기도 한다.

21년 전인 2004년 직장을 잃은 중년 남성들이 줄을 지어 찾아왔다. 그들은 오랜 세월 일터에서 쌓아온 경력과 성취를 한 순간에 잃어버리고, 낯선 불안감 속에서 자신의 자리를 찾으려 애쓰고 있었다. 그때 내가 얻은 가장 큰 깨달음은 그들에게 필요한 것은 다른 사람들의 조언이나 재교육이 아니었다. 진정한 힘은 집으로 돌아갔을 때 그들을 따뜻하게 맞아주는 가족의 지지였다.

그때는 가장의 자리를 지켜야 한다는 책임감이 더 컸다. 실직을 가족에게 알리기조차 힘들어하는 이들이 많았다. 실직이 자신만의 책임이 아님에도 불구하고 그들이 느낀 죄책감과 무력감은 커져만 갔다. 때로는 자책에 빠지기도 했다. 그런 무거운 마음을 조금이라도 덜어주는 것은 "괜찮아요, 다시 시작할 수 있어요."라고 말해 주는 가족이었다.

직업상담을 하면서 느꼈던 것은, 같은 실직을 하더라도 재기에 더 빨리 성공했던 사람들에게는 공통점이 있었다. 그 뒤에는 가족이 있었다. 가족은 안정감의 원천이었다. 직장에서 자리를 잃었더라도, 집이라는 울타리 안에서 여전히 소중한 존재로 받아들여진 사람들. 그 믿음이 새로운 도전을 향해 나아갈 용기를 주고 있었다.
"괜찮아, 다시 해보자."라는 가족의 말 한마디가, 차가운 세상에서 흔들리던 마음을 따뜻하게 감싸주었다.

21년이 흐른 지금, 우리 사회는 눈부시게 발전했다. AI와 자동화가 일자리를 대체하고 기술 혁신이 일상의 많은 부분을 바꿔놓았다. 일자리 형태도 크게 달라졌다. 프리랜서, 플랫폼 종사자들이 늘어났다.

'평생직장'이라는 개념은 더 이상 기대하기 어려워졌다. 언제든 실직할 수 있다는 불안감이 그 어느 때보다도 큰 시대가 되었다. 하지만 시대가 변해도 변하지 않은 것이 있다. 바로 가족이 주는 지지와 사랑이다. 실직을 경험한 이들에게 가장 큰 위로는 그때나 지금이나 같다.

가족이란, 우리가 실패할 때도 받아주고 다시 일어설 수 있도록 힘이 되어주는 존재다. 직장을 잃은 아픔을 같이 나누고, 새로운 도전을 두려워하지 않도록 옆에서 지켜봐 주는 가족의 존재는 그 어떤 불안도 이겨낼 수 있게 해준다. 시간이 흘러 시대는 변했어도 가족의 지지와 사랑이 주는 힘은 변하지 않았다.

지금, 이 순간에도 실직 후 새로운 길을 찾고 있는 수많은 사람이 있다. 그들에게 가장 필요한 것은 따뜻한 가족의 손길이다. 가족이 건네는 작은 위로와 응원은 다시 시작할 용기와 그 길을 끝까지 걸어갈 힘을 준다.

21년이 지나도 이 진실은 변하지 않았다. 지구가 멸망하지 않은 이상 이것은 영원하다. 가족의 지지와 응원으로 한옥을 짓는 대목수가 된 사람도, 중소기업 대표가 되어 직원을 채용하기 위해 나를 찾아온 이도 있었다.

30대, 40대 썼던 글들을 21년이 지나 다시 읽을 때마다 그 시절 만났던 이들이 문득문득 궁금해진다. 지금 그들은 어떻게 살고 있을까? 그때 내 글 속에 주인공이었던 그들 중에는 지금은 정확한 프로그램명을 잊어버렸지만 아마도 '인간극장' 비슷한 것이었던 듯싶다. 그런 식의 프로그램에 주인공으로 나오기도 했다. 글 한 편이 매체에 실리면 매번 방송국 작가들에게 전화가 왔다. 출연할 수 있는지 알아봐 달라는.

그때 맺었던 인연 중에 지금은 모 기관의 센터장이 된 이도, 교수가 된 이도 있다. 여전히 서로의 안부를 묻고 응원하는 귀한 인연으로 남아 있다.

21년 전, 인연을 맺었던 그들 중 20대는 40대가, 30대는 50대가, 50대는 70대가 되었다. 그 시절 내 글 속에 주인공이었던 그들이 여전히 활기차게, 꾸준하게, 일상이 주는 행복을 즐길 수 있길 소망한다. 퇴직한 지금도 여전히 나는 그들을 응원하고 지지한다.

<그는 여전히 내 스승이다.>

퇴직 후 별다른 일정이 없으면 점심을 먹고 나서, 두 시간 정도 산책을 한다. 앞산에 내 지정석이 생겼다. 늘 나를 기다리고 있는 곳, 아무것도 없는 빈자리. 거기에 앉거나 누워 하늘을 보고 있으면, 세상에서 가장 풍족한 내가 된다.

지금, 이 순간 여기에 있는 모든 게 내 것인데, 세상에 무엇이 부럽겠는가? 하늘과 산, 나무, 꽃, 산새, 풀, 돌, 내가 딛고 있는 땅까지. 온전히 내 것이 되는 순간, 이것이 물아일체(物我一體)가 아니고 무엇이겠는가? 모든 풍경과 자아, 객관과 주관, 물질계와 정신계가 어우러져 하나가 되는 느낌만으로도 행복 물질인 '세로토닌'이 폭발적으로 증가한다.

눈을 감고 누워 있으면 두런두런하는 소리가 들린다. 바람이 나뭇잎을 스치는 소리, 마른 낙엽이 발밑에 떨어져 구르는 소리, 새들의 지저귐과 작은 다람쥐가 도토리를 줍는 소리까지. 이 소리에 내 마음이 닿으면, 어느새 자연 일부가 된다.

60대가 되어, 30대, 40대에 썼던 글들을 찾아 떠나는 여행은 특별하다. 그 시절 나는, 60대가 된 내가 산속 의자에 누워 자연의 소리에 귀를 열어놓고 있을 거라는 걸 상상이나 했을까?

"바위에 새겨진 강물의 흔적은 물의 힘이 아니라, 끈기와 시간이 만든 것이다."라고 했다. 지금 내 모습은 그 끈기와 시간이 만든 흔적이다.

직업상담 현장에서 받은 감동을 더 많은 사람에게 전하고 싶어 다양한 매체에 직업상담 이야기를 썼다. 그 매체 중 한 곳에 오마이뉴스도 있었다. 2005년, 2006년도에 나는 오마이뉴스 시민기자였다. 기고문에 등장하는 모든 주인공이 기억에 남지만, K는 더 특별했다. 그는 지금도 내 마음속 스승이다.

그때 당시 유행어는 '이태백', '낙바생'이었다. '이태백'은 이십 대 절반이 백수, '낙바생'은 낙타가 바늘구멍에 들어가기보다 어려운 취업의 관문을 통과한 취업 성공생을 일컫는 신조어였다. 이 말속에 그 시절 이십 대 청년 구직자의 애환이 그대로 드러나 있었다.

지금은 그때보다 청년층 취업이 더 힘들다고 한다. 이 글을 읽고 좀 더 힘을 냈으면 하는 바람에 2006년 K를 소환한다. 2006년 28살이었던 그는 지금은 47세가 되어 있으리라. 삼십 대 초반에 결혼한다는 청첩장을 받았다. 직접 가지는 못했지만, 축의금까지 보냈던 걸로 기억한다.

현재 그는 가정, 사회, 직장에서 제 몫을 다하고 있으리라 믿는다. 그는 20대에 아주 단단한 사람이었다.

2006년 나는 집단상담프로그램을 진행하고 있었다. 성공적인 취업을 도와주는 프로그램인 성취프로그램 진행자로 2주에 한 번 하루 6시간씩, 5일간 12명에서 16명 정도 구직자와 희로애락을 나눴다.

그는 대학 졸업 후 취업이 되지 않아 시름에 빠져있던 신규구직자였다. 나랑 만났을 때, 그는 지칠 대로 지쳐 있었다. 그럴 수밖에 없는 것이 서류전형 탈락만 100번째였다. 그는 취업 준비를 대학 1

학년 때부터 했다. 학점 관리, 어학, 자격증 어느 하나도 놓치지 않았다. 취업의 문은 쉽게 열리지 않았다. 처음에는 의욕이 넘쳤다. 실패가 반복되자 자신감이 떨어졌다. 무기력증이 찾아왔다. 지칠 대로 지쳐 있던 그는 지푸라기라도 잡아야겠다는 심정으로 나를 찾아왔다.

5일간 같이 하면서 가장 많은 변화를 보였던 사람이 그였다. 시간이 지날수록, 자신이 떨어진 이유를 들여다보게 되었고 보완할 점들을 고쳐나갔다.

2006년 그는 101번째 도전 끝에 취업했다. 발령지는 제주도였다. 첫 월급을 받은 그는 연가를 내고 찾아왔다. 자신과 같은 처지에 있는 사람들에게 포기하지 말고, 힘을 내라는 말을 꼭 전해 달라고 했다.

그때, 그가 활짝 웃으며 했던 말이 지금도 생생하다.

"선생님, 저 101번째 프러포즈 끝에 성공했어요."

그를 보면서 깨달았다. 어떤 상황에서도 포기하지 않고 끈질기게 도전한다면 언젠가는 성공한다는 것을. 그 이후 나는 매번 구직자들에게 그 이야기를 했다. 101번 도전 끝에 성공한 사람도 있다는.

60년 살아보니 끈질긴 사람에게는 당해낼 재간이 없더라. 그는 20대에 이미 끈질긴 근성으로 성공한 경험이 있으니 그 누구보다

탄탄하게 자신의 길을 가고 있으리라. 2006년에 만난 그는 20년이 지난 지금도 여전히 내 인생 스승이다.

〈사람이 남는 장사를 해라〉

친정아버지는 말씀하셨다. 어딜 가든 사람이 남는 장사를 하라고. 살아오는 동안 그 말의 의미를 항상 가슴에 담고 살았다.

세월이 흐르고 모든 게 변해도 사람과 사람 사이에 나눈 진심만은 흔들리지 않는다. 사람이 남는 장사를 하라는 아버지 말씀은 그 장사는 돈으로 계산되지 않고 시간으로 잴 수도 없지만 그 흔적은 기억으로 남아 지탱해 주는 힘이 되었다.

30대, 40대 내 흔적을 찾아 떠나는 이 여행이 과연 무슨 의미가 있을까? 시간이 흘러 내 주변에 있는 모든 게 사라져 기억조차 희미해지면 남은 것은 무엇일까? 라는 생각이 불현듯 들었다. 그 끝에 아버지가 우리에게 하셨던 당부가 있었다. 사람이 남는 장사를 하라는. 어쩌면 내가 30대, 40대 나를 찾아 떠나는 여행은 그 해답을 찾기 위해서였는지도 모른다. 그곳에는 항상 사람이 있었다.

2006년 1월 16일 오마이뉴스에 기고했던 글 속에는 그때 당시 51살이었던 그녀가 있었다.

"관광버스 운전을 하고 싶어요. 구경도 하고 좋아하는 운전도 하면서 돈까지 벌 수 있으니 얼마나 좋겠어요?"

그녀가 나에게 했던 첫마디였다. 19년 전에 오십 대인 여자가 관광버스를 운전하고 싶다니. 그건 흔한 일이 아니었다. 그녀는 나이보다 훨씬 젊어 보였다. 얼굴이 맑았다. 얼핏 보면 근심 걱정 하나도 없이 해맑아 보였지만 눈빛은 깊었다. 눈 속에 많은 사연이 들어있었다. 나는 성취프로그램을 진행하는 5일 동안 그녀를 만났다. 왜 관광버스 운전을 하고 싶은지 먼저 묻지 않았다. 말은 하지 않았지만, 그녀와 나는 서로의 내면을 고스란히 느끼고 있었다. 프로그램 마지막 날 그녀는 조용히 말문을 열었다.

"아파 보고 난 후에야 비로소 세상을 보는 눈이 생겼어요. 아직 결혼하지 않은 아가씨들이 많은 거 같은데 내 이야기가 인생을 살아가는 데 도움이 되었으면 좋겠어요."라며 자신의 이야기를 다른 참가자들 앞에서 털어놓았다.

나이는 51세. 서울에서 여대를 졸업한 그녀는 "너 아니면 죽어도 안 되겠다."라는 남자와 결혼했다. 결혼생활은 모두가 부러워할 정도로 풍요로웠다. 남편은 더할 나위 없이 자상했고, 경제적으로도 넉넉했다. 아들 둘도 말썽 없이 잘 자랐다.

행복이 영원할 줄 알았다. 남편이 딴살림을 차리고 있다는 것을 큰아들이 고등학생 때 알았다.

"엄마, 오늘 아빠 차 봤어요. 친구 집에 놀러 갔는데 아빠 차가 거기 주차되어 있던데요. 나올 때까지 기다릴까, 하다 그냥 왔어요."라며 무슨 말인지 더 할 듯하던 아들은 입을 굳게 다물었다.

그녀랑 결혼했을 때 너 아니면 죽어도 안 되겠다던 남편은 그 여자가 아니면 안 되겠다고 했다. 두말없이 남편을 보냈다.

전업주부로만 살았던 그녀가 이혼 후 할 수 있는 것은 많지 않았다. 아들 둘과 살기 위해 그녀는 닥치는 대로 일을 했다. 남편에 대한 분노로 이를 악물고 견뎌낸 세월이 십 년이었다. 스물여섯, 스물넷이 된 두 아들이 "저희를 위한 삶이 아닌 어머니의 인생을 사시라."라고 하는 말을 듣고 자신의 삶을 뒤돌아보게 되었다.

"결혼했다고 해서 남편에게 의지했던 것이 어리석었어요. 그것을 남편하고 헤어지고 난 후에야 알았어요. 결국 내 인생은 내 것이었는데 소설 〈귀여운 여인〉의 주인공처럼 남자에 의해 좌지우지되는 삶을 살아왔던 거예요. 남편의 틀 안에 갇혀 살아온 사람이 갑자기 닥친 불행 앞에서 어떻게 대처했겠어요. 주체적인 내 삶을 살았다면 아마 덜 고통스럽게 살았을 거예요."

그녀가 자신의 이야기를 하는 동안 프로그램실에는 숨소리조차 들리지 않았다.

스캇펙은 '고통을 피하려고 하면 결국에 가서는 피하려고 했던 그 고통보다도 피하려고 하는 마음이 더 고통스럽게 된다.'고 했다. 그녀는 고통 자체보다 더 피하려고 했던 마음 때문에 더 큰 통증을 느껴 본 후에야 자신의 삶을 찾을 수 있었다.

이제는 남편도 용서할 수 있을 거 같다며 그녀는 말했다.

"관광버스 운전을 하면서 철마다 색색으로 옷을 갈아입은 산, 고요와 폭풍을 동시에 안고 있는 바다, 통통하게 살이 오른 보름달, 쏟아져 내리는 별들을 보고 싶어요."라고.

쉰한 살이 되어 자아 찾기 행진에 나선 그녀를 위해 그날 프로그램실에 있었던 우리는 아낌없는 박수를 보냈다.

2006년 쉰한 살이었던 그녀는 지금 칠십세가 되었으리라. 19년이 지난 지금도 그녀는 여전히 내 가슴에 남아 있다. 나는 믿는다. 그 누구보다 온몸으로 세상과 맞서 싸웠던 그녀가 꿋꿋하고 당당하게 잘살고 있으리라고.

"젊었을 때는 돈이 많으면 행복할 줄 알지만 나이가 들면 내 곁에 있는 사람이 가장 값진 보석이더라."라는 아버지 말씀처럼 시간이 지나면 돈도, 명예도, 성공도 다 사라진다. 그에 반해 사람과 사람 사이에 피어난 온기는 기억 속에 오래도록 남는다. 때로는 살아갈 이유가 되어주고, 삶을 더 넓고 깊게 만들어 준다.

어딜 가든 무엇을 하든 사람이 남는 장사를 하라는 그 말씀이 여전히 내 가슴을 울린다. 결국 사람은 사람을 남긴다. 우리가 사랑했던 모든 순간, 누군가의 눈빛 속에 스며들었던 기억은 60대가 된 내 인생을 따스하게 비춘다. 사람을 아끼고 존중하며 살다 보면 결국 내 인생이 더욱 풍요롭고 따뜻하게 된다. 직업상담을 하면서 만났던 그 사람들이 여전히 내 마음에 온기로 남아 있다. 나는 결국 사람이 남은 장사를 하면서 살아왔다

<이제 제가 누나 용돈을 줄 수 있어요>

새벽부터 해금 산조 중모리장단을 듣고 있다. 국악의 꽃은 산조라고들 한다. 몇 주 전부터 산조 장단에 빠져있다. 해금 산조 안에는 인생의 희로애락이 다 들어 있다. 밝고 빠른 가락에는 희망과 기쁨이, 강렬하면서도 역동적인 음은 분노 같은 극적인 감정이, 가늘고 떨리는 듯한 소리는 이별과 슬픔을, 흥겨운 리듬 속에는 활기찬 즐거움이 있다.

두 개의 현과 활만으로 삶의 다양한 감정을 풍부하게 표현하는 해금은 "사람의 목소리를 닮았다."라고도 한다. 해금을 접하기 전에는 이 말의 의미를 알지 못했다. 비록 취미로 배우긴 하지만 해금을 연주하는데 산조는 해 봐야 하지 않겠냐는 생각이 들었다. 몇 주 전부터 중모리장단을 배우기 시작했다. 본격적으로 중모리장단 연습을 시작한 것은 어제부터다.

아, 어렵다. 그동안 내가 연습했던 곡들은 중모리장단에 비하면 새 발의 피였다. 중모리장단 안에는 복합적인 인생이 농축되어 있었다. 그 소리가 슬플 때는 한숨처럼 들린다. 듣고 있으면 자연스레 슬픈 기억이 떠오른다. 그건 단순히 우울함으로 끝나는 게 아니다. 해금이 주는 슬픔은 치유의 힘을 가지고 있다. 울지 못하고 참았던 감정들이 해금 소리와 함께 스르르 풀어진다.

이 새벽, 해금 중모리장단을 연이어 들으며 나는 2006년으로 시간 여행을 떠난다.

2006년 내 글 속에 자주 등장하던 이가 있었다. 그는 2005년에 구직자로 인연을 맺었다. 나랑 같이 성취프로그램 진행했던 정 선생을 엄마처럼 따랐다. 그는 잠시 짬이 나거나 힘든 일이 있을 때는 물론이고 사소한 일까지 정 선생에게 전화했다.

"이사를 해야 하는데 어떻게 하면 좋을지 모르겠어요. 몸이 아픈

데 회사 안 가도 돼요? 누나 때문에 걱정인 데 어떻게 해야 해요." 매일 전화해서 조언을 구했다.

어떤 날은 하루에도 서너 번씩 전화했다. 그에게 짜증이 날 법도 한데 정 선생은 단 한 번도 싫다고 말하지 않았다. 언제나 그의 마음을 어루만져 주었다. 그뿐 아니라, 정 선생은 아들과 체격이 비슷하다며 옷을 가져다 그에게 주기도 했다. 그에게 정 선생은 엄마였다.

그는 고아였다. 중학교 1학년 때 부모님이 사고로 먼 길을 떠났다. 세상에 남겨진 혈육은 중학교 2학년이었던 누나와 단둘이었다. 27살이 된 그때까지 누나와 살고 있었다. 누나는 그에게 아버지이자 어머니였다. 어려서 부모를 잃은 충격에 그는 오래도록 정신이 아팠다. 약물치료를 하는 그의 최대 목표는 취업이었다. 위출혈로 피를 토하면서도 3교대 근무를 하는 누나에게 용돈을 줄 수 있는 동생이 되고 싶어 했다.

그는 항상 누나 걱정을 했다. 이야기를 들어보니 그럴 수밖에 없었다. 누나에게 그는 항상 1순위였다. 그건 둘 다 마찬가지였다. 누나는 고등학교를 졸업하고 방직공장에 취업했다. 3교대였다. 월급을 받아서 동생 약값과 용돈을 줬고 생계를 꾸려 나갔다.

누나 덕분에 아쉬운 것 없이 자랐다는 그는 취업 알선을 받아 여러 번 취업하기는 했지만, 앓고 있는 병 때문에 오래 다니질 못했다. 봄, 여름, 가을이 지났다. 꾸준히 전화를 걸어왔고, 시간이 날 때마다 찾아왔다.

∽

그렇게 일 년이 거의 다 되어갈 무렵 소식이 끊겼다. 무슨 일이 생긴 건 아닐까? 정 선생과 나는 걱정을 했다. 몇 달이 흘렀다. 그에게 취업이 되었다는 소식이 날아든 것은 초여름이었다.

5개월째 근무 중이라고 했다. 그동안은 거의 두 달을 넘기지 못하고 퇴사를 반복했다. 이제 오래 근무할 수 있을 거 같다는 그의 말에 정 선생과 나는 손뼉을 쳤다.

"장해요. 너무 대단해요. 약 꼬박꼬박 챙겨 먹고 밥도 잘 먹어야 해요."

진심으로 축하 인사를 전했다.

∽

다섯 번째 월급을 받은 후 그는 누나와 같이 우리를 찾아왔다. 누나를 보자마자 정 선생과 나는 서로 고개를 끄덕였다. 서럽고 힘들 때마다 서로 마음 붙이며 살아온 남매의 정이 고스란히 느껴졌다.

"그동안 저를 돌아볼 시간이 없었어요. 동생 뒷바라지를 해야겠다는 생각에 앞만 보고 살았어요."라고 누나는 말했다. 동생을 돌봐야 한다는 생각 하나만으로 살아온 누나. 누나의 이십 대 청춘은 방직공장 실과 함께 사라져갔다.

아파도 제대로 쉬어 본 적이 없다는 누나에게 "누나, 내가 용돈 주기로 했잖아. 그동안 누나가 나한테 다 해 줬잖아. 이제 내가 누나한테 해줄게."라며 말하는 그를 보면서 정 선생도 나도 눈시울이 붉어졌다.

그는 정 선생과 내가 인사이동이 있기 전까지 찾아왔다. 정 선생이 정년퇴직하고 나도 다른 곳으로 발령이 나면서 인연이 끊어졌다.

2006년에 27살이었던 그는 지금 46살이 되어 있으리라. 그때 그가 간절히 원했던 소원은 누나가 어서 빨리 나아서 데이트도 하고 결혼도 했으면 좋겠다는 거였다. 나는 그가 바란 대로 되었으리라 믿는다.

60대 내가 2006년 27살이었던 그를 만났다. 2025년에 46살이 되었을 그를 여전히 응원하고 있는 새벽, 거실에 가득 퍼진 해금 중모리장단 속에는 과거와 현재를 잇는 희로애락이 있었다.

삶은 우리가 사는 동안 슬프면서도 아름답다. 그것이 바로 우리가 살아가는 증거이기도 하다.

<절망의 다른 이름은 희망>

크리스마스 전날 밤 영화 '하얼빈'을 봤다. 그 밤 영화를 보고 온 이후부터 시시때때로 떠오른 대사가 있었다. 잠들기 전에도, 잠에서 깨어난 순간에도 나보다 먼저 달려와 내 의식을 두드렸다.

나는 영화평을 쓰려고 한 것이 아니다. 단지 '하얼빈'을 보고 난 이후 내 뇌리에 새겨진 대사를 다시 한번 더 새김질하려고 할 뿐이다. 내 뇌리에 박힌 대사는 세 개였다.

"길을 잃었습니다."

같이 싸우던 동지들이 죽어 나갔다. 독립의 길은 험난하고 멀게만 느껴졌다. 때때로 길을 잃었지만, 그들은 결코 길을 잃은 것이 아니었다. 끊임없이 자신과 싸우며 길을 만들었다.

두 번째는 이토 히로부미가 했던 말이었다.

"조선이란 나라는 어리석은 왕과 부패한 유생들이 지배한 나라지만 국난이 있을 때마다 이상한 힘을 발휘한단 말이지."

나라에 변고가 생기면 전국에서 우후죽순처럼 일어나 나라를 지킨 것은 과거에도 지금도 백성과 국민이었다.

세 번째 반복해서 머릿속을 맴도는 대사는 영화 마지막에 안중근

(현빈)이 한 해설이었다. 대사 하나하나가 몸과 마음에 새겨졌다.

"어둠은 짙어오고 바람은

더욱 세차게 불어올 것이다.

불을 밝혀야 한다.

사람들이 모일 것이다.

사람들이 모이면 우리는 불을 들고 함께

어둠 속을 걸어갈 것이다.

우리 앞에 어떠한 역경이 닥치더라도

절대 멈춰 서는 아니 된다.

그날까지 우리는 포기하지 않고

앞으로 가야 한다.

불을 들고 어둠 속을 걸어갈 것이다."

나는 영화 '하얼빈'의 명대사를 이 새벽에 꾹꾹 눌러 다시 새기며 나의 40대를 소환했다.

아랫글은 2008년 2월 19일 화요일 광주 드림에 기고했던 글이다. 16년 전 내가 나를 바라보며 웃고 있다.

"정말로 힘든 사람은 차마 그 말을 하지 못해요. 너무 힘이 들어 그것을 어떻게 표현하지 못하는 거예요. 그러니까 드라마에서 보면 꺼억꺼억 목 안으로 넘어가는 울음을 토하며 자기 가슴을 치잖아요. 속에서 불이 나는데 그것을 어떻게 할 수 없으니까 그렇게밖에 표현을 못하는 거예요. 말을 할 수 있는 사람, 누군가에게 '나 힘들어, 너무 힘이 들어서 가슴이 터질 것 같다'라고 말할 수 있는 사람은 그것을 토해내면서 이겨가는 거예요. 취업에 대한 고민만 해결해 주는 곳인 줄 알았는데 가슴속에 쌓인 울음까지 들어주시네요."

너무 힘들 때는 사람들을 만나는 것조차 두려워 피하고 살았다는 P씨는 두 시간이 지나도록 가슴속에 먼지처럼 쌓이고 쌓인 응어리를 풀어내고 있었다.

그녀는 내가 심층 상담 전담자로 업무를 옮긴 후 첫 번째로 만난 구직자였다. 심층 상담 전담제는 2008년 2월 1일부터 고용지원센터(현 고용·복지플러스센터)에서 진행하는 취업 지원 서비스였다. 현재 고용·복지+센터에서 하는 구직자 일대일 취업 지원 서비스의 토대가 된 것이기도 하다. 구직자의 문제를 객관적으로 진단해 원인을 파악한 후 그에 맞는 맞춤형 취업 지원 서비스를 제공했다.

돌이켜보니 그때 당시 그녀의 사정은 절박했다. 이혼 후 두 아이를 키우려면 당장 시급한 것이 생계였다. 출근하면 제일 먼저 그녀가 일할 만한 곳을 찾았다. 혼자 가기 힘들다고 하면 내 차에 태우고 면접장을 데리고 다니기도 했다.

　이혼하기 전까지 전업주부로 살았던 그녀에게 취업의 문은 쉽게 열리지 않았다. 그러던 어느 날 금요일 퇴근 무렵 그녀에게 전화가 왔다.

　"월요일까지 이력서와 자기소개서를 내야 할 곳이 있는데 자기소개서를 좀 봐주실 수 있으세요?"

　마침 살고 있는 곳이 우리 집에서 가까워 주말에 만나 이력서와 자기소개서 클리닉을 했다.

　그녀는 그곳에 취업했다.

　"저 취업했어요. 선생님 덕분에." 고맙다며 울먹이던 그녀의 목소리가 지금도 생생하다.

　2008년 나는 구직자들이 원하면 주말에도 이력서와 자기소개서를 비롯한 면접클리닉을 했다. 그들을 외면할 수 없었던 것은 그만큼 사정이 절박하다는 것을 잘 알고 있었기 때문이었다. 구직자들이 나에게 문을 두드리면 언제든 내가 할 수 있는 범위 내에서 해결책을 같이 찾아나갔다. 심층 상담 초창기라 구직자들을 만나기 위해 고군분투했던 기억이 새삼스럽게 떠오른다. 아는 만큼 보이고 보려고 하는 사람에게만 보였다. 아무리 좋은 것도 눈 감고 귀를 막고 있는 사람에게는 무용지물이었다. 그에 반해 아무리 어려운 상황에서도 길을 찾으려고 하는 사람들은 절망을 희망으로 바꿔나갔다.

희망은 절망을 자양분 삼아 자라는 나무였다. 절망을 느껴 본 사람만이 희망의 진가를 알 수 있었다. 희망 또한 보려고 하는 사람에게만 보였다. 사람은 누구나 선택하며 살아간다. 똑같은 상황 속에서도 행복을 선택한 사람은 행복했고 불행을 선택한 사람은 불행했다. 절망의 다른 이름은 희망이었다. 이것은 2008년에도 지금도 앞으로도 변함없는 진리다.

루이스 헤이는 〈치유〉에서 이렇게 말한다. '인생을 즐기며 살고 싶다면 즐거운 생각을 해야 한다. 성공한 인생을 살고 싶다면 성공하는 생각을 해야 한다. 사랑하며 살고 싶으면 사랑하는 생각을 해야 한다. 우리가 마음속으로 생각하거나 입으로 소리 내어 말하면 그대로 이루어진다.'라고.

<장인정신이 살아 있는 목수가 되고 싶어요>

나에게 2006년은 내 생애 통틀어 잊을 수 없는 해이다. 그 해 내 인생에 전환점이 되었던 굵직한 일들이 많았다. 돌이켜보니 살아오는 동안 가장 부침이 심했던 나이가 40대였다.

40대에 써 놓았던 글들을 만나러 떠나는 여행. 그 길에서 내가 만난 건 반가움과 아픔이다. 담담해지려 해도 20년이 다 된 글들을 만날 때마다 몽글몽글한 마음이 버선발로 뛰어나온다. 60대인 내가 40대 나를 찾아갔는지, 40대인 내가 60대인 나를 찾아왔는지 그건 모르겠다. 확실한 건 둘 다 서로를 끌어당겼다는 거다. 지금보다 서툴고, 애썼던 40대 나. 웃고, 울고, 모질게 나를 다그쳤던 순간들이 글 안에 고스란히 녹아 있었다.

2006년 1월 25일 오마이뉴스에 기고했던 글에는 지금은 대목수가 되어 세상에서 가장 멋진 한옥을 짓고 있을 그가 있다.

그는 마흔에 한옥을 짓는 목수 일을 시작했다. 나와 인연이 시작된 것은 2005년 11월이었다. 성취프로그램 진행자와 구직자로 만났던 그의 나이는 40살이었다. 나를 처음 만났던 날 그는 미래에 대한 두려움으로 힘들어하고 있었다. 그는 나와 5일 동안 함께 했다. 프로그램이 진행되는 동안 그 회차에서 가장 눈에 띄게 변화를 보인 사람이었다. 마흔 살이 되도록 자신이 무엇을 좋아하는지, 어떤 것을 하고 싶은 지 단 한 번도 생각해 보지 않았다. 학창 시절은 방황의 연속이었다.

졸업하고 취업하려니 갈 곳이 없었다. 고민 끝에 택한 직업이 창

의력을 발휘할 수 있는 실내장식 회사였다. 마티카, 참나무, 오크, 춘양목으로 고급 가구도 만들었다. 자기 손을 거쳐 완성된 가구를 보면 뿌듯했다. 그에게는 가구가 아니라 작품이었다. 하지만 운명은 그를 가만히 두지 않았다. IMF가 터지면서 회사가 문을 닫았다. 먹고살기 위해 한 번도 해본 적이 없는 컴퓨터 가게를 차렸다. 컴퓨터에 무지했던 그는 친구만 믿었다. 그 결과 돈을 다 날리고 오고 갈 데 없는 신세가 되어 버렸다. 결국 도시살이를 접고 부모님이 계신 고향으로 내려왔다.

그때부터 술로 세월을 보냈다. 우편물 대리취급소를 하기도 했지만, 그마저 길게 가지 못했다. 하루 이틀 허송세월하다 어느 날 문득 뒤 돌아보니 자신의 나이가 마흔이었다. 마흔이라는 나이를 자각한 순간, 이렇게 살아서는 안 되겠다는 생각이 들어 찾은 곳이 고용안정센터(현 고용·복지+센터)였다.

그는 5일 동안 성취프로그램이 끝나고도 매일 우리 사무실로 출근했다. 9시까지 출근해서 자신의 일자리를 알아보러 다녔다. 마침내 그는 자기 소질과 적성을 발휘할 수 있는 곳을 찾아냈다. 공예품도 만들고 한옥을 건축하는 공방이었다. 2년가량 가구를 만들었던 거 외에 집 짓는 경력이 전혀 없었던 그는 월급을 안 받아도 좋으니, 기술을 배우게 해 달라며 매달렸다. 새벽 5시에 일어나 한옥 짓는 현장에서 허드렛일하면서 하나씩 배웠다. 몸은 힘들었지만 하나씩 배우는 것이 재미있었다.

주중에 쉬는 날이 있으면 찾아와서 앞으로 포부에 관해 이야기하기도 했다.

'적응은 잘하고 있겠지. 배우는 것이 재미있다고 했으니 잘할 거야.' 응원하는 마음이 늘 있었다. 그는 그 마음을 알기라도 하듯 편지로 자신의 근황을 알려주곤 했다.

한옥을 짓는 현장에서 허드렛일하다 보니 욕심이 생겼다. 본격적으로 공부를 하고 싶었다. 어느 날 우리에게 한 통의 편지가 왔다. 그 안에는 그의 각오가 들어 있었다. 그 편지를 읽으며 이 사람은 반드시 성공하겠다는 예감이 들었다.

한옥 직업훈련학교로 떠나기 전 그가 보낸 편지 중 일부다.

그동안 잘 계시리라 믿습니다. 아침 5시에 일어나 6시쯤 출발합니다. 현장에서 오후 5시 30분까지 작업을 하고 집으로 돌아오면 6시가 됩니다. 배낭 메고 출근해서 흙먼지 가득한 작업복으로 퇴근합니다. 딸들과는 저녁에만 대화할 수 있습니다. 그것도 행복합니다. 집에는 온통 나무 냄새와 톱밥이 가득합니다. 선생

님의 관심과 사랑으로 구인 개척을 하면서 선생님들의 소개에 누를 끼쳐드리지 않으려고 노력합니다.(중략)

고민과 지인들의 관심과 배려 속에 12월 3일 토요일에 면접을 보고 저녁 늦게 결정을 내렸습니다. 첫째, 내가 좋아하는 일 둘째, 젊은 사람들이 하지 않는 일, 셋째, 힘들어도 기술을 필요로 하는 일 넷째, 늙어서도 할 수 있고 남에게 도움이 될 수 있는 일, 다섯째, 늦었지만 최고가 될 수 있는 일, 아무리 녹초가 되어도 내 일처럼 하고 있습니다. 날마다 공부하고 일기 쓰고 주워듣는 것을 메모하면서 단순한 목수가 아닌 이론까지 겸비할 수 있는 장인이 되기 위해 관련된 책을 도서관에서 빌려보고 있으니 잘 지켜봐 주십시오. 마음이 흔들릴 때마다 연락하겠습니다.

처음 대하는 기계들이라 위험하고 힘들지만, 기계들과 대화를 하면서 사랑한다고 합니다. 그랬더니 그들도 저를 무척 좋아합니다. 평일 쉬면 찾아가고 싶은데 그렇지 못하는 현실이 안타깝습니다. 갑자기 힘든 일을 하니까 가족들이 걱정을 많이 합니다. 특히 형이 그래요. 그래서 형! 저 또 다른 일을 찾으러 다니면 죽을 것 같으니 지켜봐 달라고 했습니다. 꼭 뜻대로는 되지 않겠지만 그래도 미래의 모습을 그려보며 살고 있습니다. 현실에 충실하고 인간뿐 아니라 미물들도 하찮게 보지 않은 사랑하는 사람이 되고 싶습니다. 두 분 선생님께서도 저를 꼭 지켜봐 주십시오.

나는 40대 써 놓았던 글들을 읽으며, 그 시절 내가 지키고 싶었던 가치들을 바라본다. 내가 느꼈던 감정들은 시간이 흘렀음에도 선명했다. 그의 이야기는 매스컴에도 나왔다. 새벽 5시에 일어나 한옥을 짓는 현장으로 가는 모습, 가족들과 보내는 시간, 한옥 관련 책을 보는 모습, 주중에 쉬는 날이면 나를 찾아와 상담하는 모습이 카메라에 고스란히 담겼다.

그는 지금 대목수가 되어 있으리라. 그가 우리에게 보낸 편지 속에는 그의 각오뿐만이 아니라 40대 내가 들어 있었다. 어떻게 최선을 다하며 살았는지. 그때 글을 읽으며 나를 끌어안았다.

"그때 정말 열심히 살았구나. 구직자들에 대한 너의 열의와 정성이 오늘 나를 웃게 하는구나."라며.

이제 60대가 되어 글을 쓴다. 지금 쓰고 있는 이 글도 언젠가 나에게 돌아오겠지. 40대 내가 남긴 글이 60대 나를 울고 웃게 하듯 오늘 쓴 이 글도 언젠가 나를 안아주리라.

내 글 독자가 대통령이라고

그건 그 누구도 예상하지 못한 것이었다. 나는 2006년에 성공적인 취업을 만들어 가는 구직자들의 따뜻한 이야기를 매주 국정브리핑에 올리고 있었다. 댓글을 본 순간, 내 눈을 의심했다. 이름이 노무현이었다. 처음에는 동명이인인 줄 알았다. 내 글에 댓글을 쓴 이는 노무현 대통령이었다. 대통령이 내 글을 읽었다는 사실만으로도 숨이 막혔다. 그저 직업상담 현장에서 경험한 이야기를 담담히 써 내려간 글이었다.

첫 번째 메일은 2006년 3월 5일에 쓴 '모든 구직자에게 "저 취업했어요."라는 말을 듣는 날까지'였다. 그 글에 "희망을 봅니다. 그래도 속이 탑니다."라는 댓글이 달려 있었다. '이건 뭐지. 분명히 대통령 이름이 맞는데.' 심장이 요동쳤다. 메일로도 연락이 왔다. 대통령이 댓글을 남겼다는.

두 번째 메일은 2006년 3월 20일. "취업 도전 1년 8개월, 드디어 성공했어요."라는 글이었다. 그 글에 "가슴이 뭉클하네요. 이명숙 님, 축하합니다. 일도 좋은 일이지만, 글도 좋습니다. 이런 글은 많은 사람에게 힘이 되겠지요."라는 댓글이었다. 이게 꿈인가 생시인가. 내가 쓴 글에 일반 독자들이 댓글로, 메일로, 때로는 직업상담을 위해 찾아왔지만, 대통령이 독자가 된다는 것은 상상할 수도 없었다.

대통령이 내 글을 읽고, 감동하였다는 사실이 믿기지 않았다. 그것은 나에게는 물론 직업상담 현장에서 일을 하는 사람들과 구직자들에게도 큰 선물이었다. 내 글을 읽고 공감했다는 것은 그만큼 취업 문제에 관심이 있다는 것이기도 했다. 내 글이 누군가의 마음을 움직였다는 사실, 그것이 대통령이라는 위치에 있는 사람에게까지 닿았다는 것은 말로 표현할 수 없는 감동이었다.

세 번째 메일은 2006년 4월 12일. "우리 이제 취업시켜 주면 안 되겠니"라는 글이었다. "잘 보았습니다. 쉽게 풀 수 없는 문제들이 너무 많다는 생각이 들기도 합니다. 그래도 이렇게 열심히 하는 사람들이 있으니, 희망이 있는 거지요.

나도 열심히 하고 있습니다. 힘!'"이라는 댓글이었다. 이 글을 본 순간 나도 모르게 뜨거운 눈물이 흘러내렸다. 대통령이 남긴 글에는 국민을 향한 진심이 들어 있었다.

그때 모아 놓은 자료들을 읽으며 순간순간 눈시울이 붉어졌다.
20년이 다 된 자료들이 하나도 빠짐없이 파일에 보관되어 있었다.
그때, 놀라움을 써 놓은 글 일부를 그대로 옮긴다.

대통령이 보낸 글에 대한 첫 느낌은 놀라움이었다. 언론에서 대통령이 글을 읽고 메일을 보냈다고 하면 그것은 특별한 사람들에게만 해당하는 것인 줄 알았다. 내가 그 주인공이 된 것이다. 그것도 세 번씩이나.

두 번째는 감탄이었다. 글만 읽으시는 게 아니라 이렇게 적극적인 경청을 하시는구나. 그 이후 내 마음속에 살며시 스며든 것은 희망이었다. 현장의 희로애락이 정책에 반영될 수도 있겠다는 희망을 품게 되었다.
그것이 계기가 되어 나는 2006년 4월 14일 부산종합고용지원센

터(현 고용·복지+센터)에서 있었던 '고용지원 서비스 선진화 함께하는 일자리 희망 만들기' 대통령과 간담회에 노동부 직업상담원 대표로 참석하게 되었다. 간담회를 다녀온 후 썼던 글이 지금 내 옆에 있다. 떨림과 기대, 긴장과 흥분이 그대로 드러나 있다. 그때 나는 원고 수정작업 중이기도 했다. 그동안 국정브리핑과 오마이뉴스에 쓴 글을 에세이로 출판하자는 제의가 출판사 여러 곳에서 왔다. 그 중 한 곳과 출간 준비를 하고 있었다. 간담회 가기 전날, 잠이 오지 않아 밤새 원고 수정작업을 했다. 뜬눈으로 지새우고 간담회 가는 길, 버스에서 눈을 붙이려 했으나 잠이 오지 않았다. 그 대신 머릿속으로 간담회 자리에서 할 말을 되뇌고 있었다. 그 자리는 나 혼자 가는 것이 아니었다. 내 뒤에는 1,800명 가까이 되는 직업상담원이 있었다.

1996년 7월에 42명으로 시작했던 직업상담원은 2006년 대략 1,800명 가까이 늘어나 있었다. 그때 당시, 우리 신분은 말로는 정규직이라고 했으나 매년 근로계약을 갱신해야 했던 무기계약직이었다. 2004년 1월 20일 직업안정법 시행령 개정으로 법적 근거가 마련되기 전까지 직업상담원 임금 예산 항목은 인건비가 아닌 사업비였다.

대통령이 참석한 간담회에 간다고 하자, 동료들이 말했다. 그 자리에서 우리 신분에 대해서 말해달라고. 국민을 취업시키기 위해 고용지원 서비스 현장에서 근무하고 있는 우리가 매년 근로계약을 갱신하고 있는 현실을. 그날 내가 대통령 앞에서 했던 정확한 말은 잊어버렸지만, 대략적인 것은 기억난다.

"오늘 간담회 오기 전 동료들이 대통령님과 꼭 악수하고 오라 하였습니다. 악수를 한 이 손을 씻지 않고 내일 동료들에게 대통령님의 온기를 전해 드리겠습니다. 저는 1996년 최초 직업상담원으로 들어와 지금까지 고용서비스 현장에서 일을 하고 있습니다. 구직자들에게 취업을 알선하고 진로지도를 하는 우리가 매년 근로계약을 체결하며 살고 있습니다. 임금도 복지도 열악하지만, 더 나은 고용 서비스를 제공하기 위해 저희는 노력하고 있습니다. 전문성을 기르기 위해 대학원을 다니는 동료들과 저희를 통해 일자리를 찾아가는 구직자들을 보면서 책임감과 사명감을 느낍니다. 저희가 안정된 신분으로 국민에게 더 나은 서비스를 제공할 수 있기를 간절히 소망합니다."

말은 약간 다를지라도 전체적인 내용은 이랬다.

그날, 참석했던 참가자들의 의견을 다 들으신 대통령은 그 자리에서 말씀하셨다.

"적어도 모든 사람에게 취업할 수 있는 능력을 갖추게 하는 것, 지금 이 시기 우리 기업과 우리 사회가 필요로 하는 일꾼을 만들어서 취업할 수 있는 수준까지 이르게 하는 것은 노동부가 책임지고 해야 한다. 또한 일자리는 개인에게는 행복의 조건, 직업능력은 국가에 있어서 경쟁력의 첫 번째 조건이다."라는 말씀하셨다.

그와 더불어 직업상담원에 대해서는 "공무원 신분을 부여하든지 그것이 여러 체계상 문제가 있으면 공단을 만들든지 해서 확실하게 안정된 일자리로 지원을 해주도록 그렇게 하십시다."라며 직업상담원 신분을 확실하게 하겠다고 하셨다.

대통령께서 나를 보고 "광주 한번 가봐야겠네요. 그렇죠? 광주에 이명숙 씨 때문에 가봐야겠어요. 이명숙 씨한테도 제가 두 번쯤 메일을 보낸 기억이네요."라고 하자 내가 "세 번입니다."라고 했다. "세 번입니까? 기억이 나는데 오늘 여기서 만나니 정말로 반갑다. 글을 참 잘 써요. 국정브리핑 들어가 보시면 아주 눈에 띄는 글, 특히 일자리 찾는 사람들의 사정이 얼마나 절실하겠습니까? 그 절실한 사람들의 얘기를 아주 절실하게 쓰고 그런데 그것이 절실하게 걱정만 주는 것이 아니고 그러면서도 보람과 희망을 항상 한 꼭지씩 달아주신다. 정말 고맙다. 아까 뭐 해달라고 하셨죠? 하여튼 처우개선 해라. 이 말

쯤이죠? 이 장관이 돈이 있는지 모르겠는데 돈을 올려주든지 신분을 확정해 주든지 두 개 다 해 주든지… 두 개 다 해주면 좋고 아니면 신분보장 쪽이 먼저인 것 같고, 그렇죠? 자기 직장도 튼튼하지 않은 사람이 남 상담한다는 게 잘되지 않을 것 같다."라며 고용지원 서비스를 최우선 순위로 지원하시겠다는 말씀을 이어가셨다.

그날 이후, 내 삶에는 작은 변화들이 일어났다. 글을 쓸 때 더 큰 책임감을 느끼게 되었다. 내 글이 누군가의 마음을 울리고, 때로는 변화를 일으키는 도구가 되었다.

나는 글쓰기를 멈추지 않았다. 직업상담 현장에서 만난 사람들의 이야기를 더 많은 이들과 나누기 위해 다양한 글을 썼다. 그 글들은 때로는 직업상담의 중요성을 알리는 매개체가 되었고, 때로는 누군가에게 위로와 희망이 되었다. 대통령과 인연은 이후까지 이어졌다.

대통령께서 그때 당시 읽으셨던 글 세 편을 연이어 옮긴다.

2006년 3월 5일 글이다.

"모든 구직자에게 '저 취업했어요!' 듣는 날까지."

_ 이명숙 직업상담원이 들려주는 고용안정센터 이야기

13년간 근무하던 회사에서 구조조정을 당한 후 실직 충격으로 시달리고 있는 40대 초반 구직자 상담을 막 끝내고 자리에 앉았다. 기다리고 있었다는 듯 전화벨이 울린다.

"이 선생님, 저 취업했습니다."

지난주에 성취프로그램 과정을 마친 이 모 어르신의 들뜬 목소리가 전화선을 타고 넘어온다.

"축하해요. 잘 되셨어요. 임 어르신은 어떻게 되셨어요."

"물론 같이했죠. 이 모두가 고용안정센터에 계신 선생님들 덕분입니다."

이 모 어르신과 임 모 어르신은 올해 58세 고령 구직자다. 두 어르신은 삼십 년 가까이 단 하루도 쉬는 날 없이 일만 했다. 퇴직하면, 마음 편하게 여행이나 다니면서 살아야지 생각했다. 하지만 노는 것도 하루 이틀 시간이 지나자, 자신이 세상에서 쓸모없는 사람이 되어 버린 것만 같았다. 출퇴근할 곳이 있다면 어디라도 상관없었다.

구직상담 → 성취프로그램 → 동행 면접 …… 종합서비스

고령자 담당 직업상담원은 두 어르신을 구직상담→성취프로그램→동행 면접(취업 알선) 순으로 취업 지원 서비스 틀을 잡았다. 성취프로그램에 참여한 두 분의 취업에 대한 바람은 간절했다.
"젊은 사람 못지않게 일할 수 있는데, 가서 보면 나이가 많다고 써 주질 않아요."
고령자 일자리에 대한 사회적인 편견이 점점 나아지고 있다고는 하지만 아직도 갈 길이 멀었다. 두 분의 하소연을 들으며 어떻게든 도와드리고 싶었다.
"이력서를 쓰면 한 50장 복사해서 무조건 제출하면 되는 줄 알았는데, 지원하는 일자리에 맞춰 써야 하겠습니다."
"복장도 지원하는 일자리에 맞춰서 적절하게 입고 가야 하는데, 항상 양복에 넥타이까지 매고 갔으니, 이제야 취업이 되지 않은 이유를 알겠습니다."
구직 기술을 하나씩 습득해 가실 때마다, 그동안 무엇이 부족했는지 알게 되었다는 두 분은 성취프로그램이 끝나는 금요일, 모 공

사 매표원에 지원하셨다.

"서류 접수하러 갈 때도 예전 같으면 대강 써서 냈을 텐데, 이제는 그럴 수 없어요." 두 분은 꼬박 반나절을 앉아서 이력서를 작성하셨다.

"이 정도 이력서에다 자신감과 구직 기술까지 익히셨으니 이제 취업하신 거나 다름없으세요."

응원을 보냈지만, 고령자 취업이 쉽지 않다는 것을 잘 알기에 결과를 기다리는 내내 마음을 졸였다. 그러던 차에 합격 전화를 받은 것이다. 그동안 한 번도 해본 적이 없는 일이지만, 출근할 수 있다는 것만으로도 신바람이 난다고 하셨다. 이 세상에서 가장 큰 축복은 일이 있다는 것이라는 말도 잊지 않으셨다.

중증 장애인인 이 모 씨(39세)에게 고용안정센터 직업상담원은 은인이다. 장애인인 남편, 치매에 걸린 시어머니, 자식 넷과 함께 두 칸짜리 집에서 살고 있는 이 씨에게 삶은 온통 먹빛이었다. 사방팔방 둘러봐도 하소연할 곳이 없었다. 취업이라도 되면 벗어날 수 있을 건데, 이곳저곳 알아보고 다녀도 한쪽 팔이 없는 자신을 채용하겠다는 기업은 없었다. 밑져야 본전이라는 심정으로 워크넷 사이트에 들어가 구직 신청을 했다. 기대는 전혀 없었다. 한 손으로 시어머니 대소변 받아내기를 삼 년, 이대로는 더 이상 못 살 것 같은 최악의 순간에 고용안정센터 장애인 담당 직업상담원에게 전화가 온 것이다. 그것은 꿈이었다. 하루에도 열두 번씩 상상하던 일이 실제로 일어났다.

담당자의 적극적인 추천으로 모 결혼정보회사 전화 상담원으로 취업했다. 그동안 장애인이라는 자격지심에 마음 편하게 속내를 털어놓아 본 적이 없었다. 그런 이 씨의 이야기를 들어주고 취업을 도와준 담당자는 세상에서 가장 큰 조언자이자 은인이었다. 이 씨는 지금도 여전히 담당자에게 전화해서 사소한 일까지 의논한다.

유 모 씨(38세)에게 지난 2년간은 서러운 세월이었다. 직업을 갖고 싶다고, 일을 하고 싶다고 아무리 말해도, 자신의 절절한 외침에 귀를 기울여준 사람은 없었다. 먹고 살기 편하니까, 남편이 벌어다 준 돈으로 편히 살면 되지 호강에 겨워 그런 소리나 한다는 핀잔이 되돌아왔다. 결혼하기 전에는 나름대로 능력이 있는 사람이었는데, 전업주부 12년째, 자꾸만 작아지는 자신이 싫었다. 직장 생활을 하는 친구와 통화라도 하고 나면 종일 우울했다.

이렇게 살아서는 안 되겠다 싶은 생각에 사회복지를 전공했던 그녀는 유아교육과에 편입해서 다시 대학에 다니기도 했다. 취업에 대한 열망은 날이 갈수록 강해졌지만, 어디서부터 시작해야 할지 알 수가 없었다. 간절하면 길이 보인다고. 연수지원제에 참여했던 동생이 고용안정센터에 가 보라고 했다. 담당 직업상담원은 그녀의 취업 지원 경로를 구직상담→취업희망프로그램→성취프로그램→취업 알선 순으로 세웠다. 단 한 번도 이력서와 자기소개서를 써 본 적이 없는 그녀에게는 모든 게 새로웠다. 자유 형식이력서 쓰는 법, 원하는 일자리 찾아가는 방법 등을 전문적이고 체계적으로 교육받았다. 그녀에게 기회가 온 것은 지난주 목요일이었다. 모 초등학교에서 특수교육보조원을 모집한다는 정보였다. 그녀는 밤잠을 설쳐가며 쓴 이력서와 자기소개서를 떨리는 마음으로 제출했다. 하지만 그곳에는 이미 내정된 사람이 있었다. 그녀의 상심은 컸다. 그녀에게 비록 떨어졌지만, 그 일을 하고 싶다면 이후에라도 다시 한번 도전하고 싶다는 메일을 보내라고 알려줬다.

그녀는 그대로 실천했다. 그 메일을 읽은 교감 선생님이 다른 학교 채용 정보를 알려준 것이다. 그녀는 바로 서류를 제출한 후 면접을 봤다. 물론 합격이었다. 현재 그녀는 특수교육보조원 연수 중이다. 그녀와 같은 예는 특별한 경우다.

고용안정센터를 찾은 기혼 여성 구직자들의 일자리 중 고학력자를 위한 자리는 드물다. 자아실현에 대한 욕구는 그 어떤 구직자보다 강하지만, 현실적으로 그들에게 줄 수 있는 정보가 적다는 것이 항상 가슴 아프다.

부모가 자식 취업 상담하러 오기도

"우리 아들, 어떤 일을 하면 되겠는지 좀 봐주세요."

대학을 졸업하고도 취업 못 해서 난리라는데 허구한 날 컴퓨터 게임에만 빠져있으니 그 심정 알만하다.

"아드님이 현재 의욕이 없어 보이니 일단 저희가 직업심리검사를 해보고, 청년층 직업지도프로그램으로 연계를 해볼게요. 만약에 수업 조정이 가능하다면 청소년 직장체험프로그램에 참여해 보는 것도 좋을 듯싶어요."

박 군에게는 직업심리검사→청년층 직업지도프로그램→청소년 직장 체험 행사 연수 지원제 순으로 경로 설계를 했다. 상담하다 보면 박 군처럼 진로지도가 전혀 되어 있지 않은 경우가 허다하다. 어려서부터 체계적이고 전문적인 진로지도를 받았다면, 시행착오를 줄일 수 있을 텐데 안타까울 때가 한두 번이 아니다. 단 한 번도 그와 같은 교육을 받아본 적이 없으므로 본인이 어떤 일을 해야 할지 방향 설정을 못 하는 것이다.

고용안정센터는 십 대에서부터 많게는 칠십 대까지, 진로지도에서 취업까지 다양한 고용서비스를 희망하는 전 국민에게 제공한다.

"국가에 세금 낸 보람을 처음으로 느꼈어요."

"국가기관에 대한 인식이 달라졌어요."

"고용안정센터에 오기 전에는 자살까지 하려고 했어요. 이곳에 와서 새 힘을 얻었고, 이제는 무엇이든지 할 수 있을 거라는 자신감을 찾았어요."라고 말하는 구직자들이 마지막으로 하는 말이 있었다.

"나뿐만이 아니라 실직으로 고통받고 있는 모든 사람이 고용안정센터에 와서 이런 서비스를 받아보았으면 좋겠어요."

구직자들의 바람대로 모든 구직자가 고용안정센터에서 고용서비스를 받는다면 더할 나위 없이 좋은 일이다. 더 많은 사람에게 더 나은 일자리를 제공하기 위해 오늘도 '취업 희망 본부 고용안정센터' 희망 전도사가 된다.

【노무현 대통령의 댓글】
"희망을 봅니다. 그래도 속이 탑니다."

두 번째는 2006년 3월 20일 글이었다.

"취업 도전 1년 8개월, 드디어 성공했어요."

_〈직업상담이 야기〉 70전 71기 청년 구직자

"선생님, 안녕하세요."
"와, 축하해요."
철이 씨는(28세) 2004년 12월에 성취프로그램을 받은 청년 구직자다. 졸업을 한 후 취업에 도전장을 낸 지 1년 8개월째. 드디어 결실을 보았다.
"고생했어요. 그렇게 애를 쓰더니 드디어 성공했네요."
"이번에 안 되면 공기업은 포기하려고 했어요. 마지막이라는 각오로 도전했는데."
그동안 마음고생, 몸고생했던 순간들이 한꺼번에 떠오르는 듯 만감이 교차하는 표정이다.
"시험은 어땠어요."
"제가 논술에 약하잖아요. 다행히 이번에는 논술이 없었어요. 필기시험은 전공 80문제, 상식 50문제였고 인성 검사, 면접까지 3단계로 진행됐어요."
"면접 때 질문은 어땠어요."

공기업을 준비하는 구직자들에게 생생한 정보를 주기 위해 면접 과정을 자세히 물었다.

"'자기소개하기, 집단토론, 마지막으로 하고 싶은 말은 무엇인지 말해보시오.' 정도였어요. 집단토론은 의견을 개진하는 수준이었고 면접은 연습한 대로 핵심을 짚어서 구체적으로 표현했는데 느낌이 있잖아요. 끝나고 나오는데, 감이 좋았어요."

이번이 공기업에 도전하는 마지막 기회라는 각오로 임했다는 철이 씨는 대학 1학년 때부터 취업 준비를 했다.

"열등감을 안 가지려고 했는데, 지방대인 것 때문에 자꾸 열등감이 생기는 겁니다. 재수해서 대학을 다시 갈지 고민하다 차라리 그 시간에 내 능력을 쌓을 기회로 삼자라는 각오로 1학년 때부터 영어를 시작했어요."

수도권에 있는 대학보다 지방대생 취업이 더 힘들다는 사회의 인식으로 갈등과 열등감으로 흔들리기도 했지만, 할 수 있다는 능력을 보여주고 싶었다는 철이 씨.

대학 1학년 때부터 회화학원에 다니면서 영어 공부를 한 것은 물론 학점 관리도 했다. 2학년 마치고 군대를 다녀온 후 3학년 1학기를 끝내고 캐나다 밴쿠버로 어학연수를 1년간 다녀오기도 했다.

복학을 한 후에도 토익과 회화 공부를 계속했다. 영어는 시사적인 것까지 자유자재로 구사할 수 있을 정도로 준비했다. 공대이기 때문에 전공에도 신경을 썼다. 자격증이 있으면 더 좋은 점수를 받을 수 있을지 모른다는 생각에 정보처리기사와 일반기계기사 자격증도 땄다. 학교에서 마련한 취업 스쿨은 물론 봉사활동에도 신경 썼다. 국제 협력 도우미, 한국 문화 체험, 혼자서 호주 동부 해안가를 1개월 동안 배낭여행 다녀오기도 했다.

2004년 8월 코스모스 졸업을 한 철이 씨는 공기업과 외국계 기업에 도전장을 내기 시작했다. 나름대로 꾸준하게 준비했기 때문에 금방 좋은 결과가 나리라 자신했다. 결과는 참담했다.

서류전형조차 거의 통과하지 못했다. 무엇이 부족한지 이유를 알 수 없었다. 그러던 차에 성취프로그램 과정을 마친 친구에게 고용안정센터에 가면 이력서, 자기소개서를 비롯한 면접에 대한 구직 기술을 익힐 수 있다는 말을 듣고 2004년 12월에 찾아온 것이다.

철이 씨는 자신이 가지고 능력이 많음에도 불구하고 그것을 제대로 드러내지 못하고 있었다. 면접은 역할연기를 통해 부족한 부분을 채워나갔다. 서류는 2005년 5월까지 지원 분야에 맞게 자기 능력을 표현할 수 있게 지속해서 수정작업을 했다.

1년 8개월 동안 공기업, 외국계 기업을 비롯한 대기업에 70번 서류제출, 그중 서류전형 통과 15번, 최종면접까지는 8번이었다. 서류전형에서 떨어지면 속이 덜 상했지만, 최종면접에서 탈락하고 나면 그 후유증이 컸다.

"긍정적이고 낙천적인 성격이었는데 1년 내내 떨어지니까 서서히 부정적으로 변해가는 거예요. 사람도 만나기 싫고 의욕 상실까지 오는데. 몇 번을 포기하고 눈높이를 낮춰 도전해 볼까, 라는 생각도 했지만, 쉽게 눈높이가 낮춰지지 않더라고요. 대학 1학년 때부터 공기업에 맞춰 준비했는데 포기하자니 너무 억울하기도 하고. 마지막이라는 생각으로 도전했거든요. 이번에 떨어지면 정말로 눈높이를 팍 낮추려고 했는데 된 겁니다."

합격자 명단에서 자신의 이름을 발견한 순간, 철이 씨는 울컥했다. 70번 떨어지는 동안 자포자기하고 싶은 순간도 있었지만, 절대 포기하지는 않았다. 그는 구직자들이 힘들어도 절대로 포기하면 안 된다고 힘주어 말했다.

"힘들게 취업했잖아요. 공기업이나 대기업 취업 준비를 하는 구직자들에게 꼭 하고 싶은 말이 있다면 어떤 것들이 있어요?"

어렵게 취업을 한 철이 씨에게 구직자들에게 당부하고 싶은 말이 있다면 어떤 것들이 있는지 물었다.

"지방대를 나와서 취업이 안 된다고 생각하는 사람들에게 꼭 해

주고 싶은 말이 있어요."

고개를 끄덕이며 메모 준비를 했다.

"처음에는 학벌이 작용할지 모르지만, 능력이 없으면 학벌도 아무 소용이 없으니 능력을 키우는 것이 우선이라는 생각으로 꾸준히 준비했던 것이 좋은 결과를 가져온 거 같아요. 이번에 들어가게 된 공기업도 전국에서 몇 명 뽑지 않았거든요. 저처럼 취업을 준비하고 있는 사람들에게 꼭 해주고 싶은 말은 취업이 안 된다고 미리 포기를 하는 경우가 많은데 스스로 안 된다고 생각하는데 될 턱이 없잖아요. 저도 최종면접까지 가서 떨어졌을 때는 그 충격이 컸습니다. 하지만 바로 일어섰거든요. 낙담할 시간에 준비하게 되더라고요. 아무리 힘들어도 좌절하지 말고, 자신에 대한 긍정적인 생각과 능력을 키우는 것이 중요하다는 말을 꼭 해주고 싶습니다."

컵에 담긴 물을 한 모금 마신 후 그는 말을 계속 이어갔다.

"취업을 쉽게 한 사람은 합격의 기쁨을 모르더라고요. 힘든 일이 생기면 이겨내지를 못하고 퇴직하기도 하고. 취업 때문에 일 년 넘게 고생을 해보니까 직업의 중요성을 뼈저리게 알겠더라고요. 직장 생활이 아무리 힘들다고 해도 다 이겨낼 자신이 생겼습니다. 그때는 비록 힘들었지만 지금 생각해 보니까 그 시간이 아주 값진 시간이었어요. 힘들면 힘든 대로, 좋으면 좋은 대로, 그 시간이 나중에는 살아가는 밑거름이 되겠더라고요. 그러니 용기를 가지고 끝까지 최선을 다하라는 말을 해주고 싶습니다. 저도 그런 기간들이 없었다면, 이런 생각 자체를 못했을 겁니다"

고생 끝에 얻은 직장이라 더 소중하다는 철이 씨는 인간관계는 물론 능력 있는 직장인이 되기 위해 공부도 게을리하지 않을 거라며 희망에 차 있었다.

앞으로 구직자들을 위해 더 많은 일들을 해 달라는 철이 씨를 보내고 돌아서는데 며칠 전에 상담했던 두 청년 구직자 얼굴이 자꾸 떠오른다. 한 사람은 학점 3.94, 토익 890점인데 1년 2개월, 또 한 사람은 학점 4.05, 토익 900점인데도 불구하고 1년 8개월째 구직활동 중인 그들에게도 하루빨리 좋은 소식이 오기를 힘들더라고 철이 씨처럼 포기하지 말고, 끝까지 최선을 다하기를.

취업해서 사회로 나가는 철이 씨를 보내는 마음과 여전히 구직활동 중인 구직자를 바라보는 마음 안에 정호승 시인의 시가 살며시 스며든다.

첫 마음

_ 정호승

사랑하는 첫 마음 빼앗길까 봐
해가 떠도 눈 한번 뜰 수가 없네!
사랑했던 첫 마음 빼앗길까 봐
해가 져도 집으로 돌아갈 수 없네.

【노무현 대통령의 댓글】

"가슴이 뭉클하네요. 이명숙 님. 축하합니다. 일도 좋은 일이지만, 글도 좋습니다. 이런 글은 많은 사람에게 힘이 되겠지요."

세 번째 댓글은 2006년 4월 12일에 썼던 글이었다.

"우리 이제 취업시켜 주면 안 되겠니?"

_〈직업상담 이야기〉 청년층 취업캠프 현장

지난달 23일 목요일 오후, 성취프로그램 진행을 끝내고 서둘러 청년층 취업캠프가 열리고 있는 중소기업진흥공단 광주연수원으로 향했다. 2박 3일 일정으로 총 38명이 참가하고 있는 청년층 취업캠프 현장 분위기는 화기애애하면서도 팽팽한 긴장감이 감돌고 있었다.

"무슨 시간인데 이렇게 나와 있어요?"
"면접 경연대회 준비 중인데요. 너무 떨려요."

모의 면접을 준비 중인 6명의 예비 구직자는 실습인데도 떨린다며 호흡을 가다듬고 있었다. 면접 경연대회가 열리고 있는 강의실로 들어갔다. 강의실 정면에는 6명의 면접관 역할을 할 구직자들이 자리를 잡고 있었다. 양옆에는 참가자들이 조별로 앉아 있었다. 강의실은 면접 준비로 정신이 없었다.

드디어 면접 시작을 알리는 신호가 떨어지자, 6명의 구직자가 문을 열고 들어왔다. 한눈에 봐도 긴장한 표정이 역력하다. 지원 분야는 다양하다. 대기업 정보 통신직, 스튜어디스, 방송국 PD, 조선업종 생산관리, 엔지니어, 분석가다.

인사를 마치고 자리에 앉자, 본격적인 질문이 시작되었다. 첫 번째 질문을 받은 박보미(전자정보통신학과 4학년 재학) 씨는 '자기소개를 한 번 해보세요.'라는 면접관 질문에 말문이 막히자, 얼굴이 빨개진다. 어쩔 줄 몰라 하더니, 눈물을 찔끔거린다.

그 모습을 지켜보고 있던 참가자들이 '괜찮아, 괜찮아.'를 연호하며 응원의 박수를 보내자 이내 평정을 되찾는다. 면접관들의 질문은 기본적인 질문에서부터 심층적인 질문까지 이어진다. 말문이 막히고, 눈에 띄게 당황한 기색을 보이던 구직자들도 시간이 지날수록 차분하게 면접에 임한다.

면접이 진행되는 동안 주변은 숨소리조차 들리지 않는다. 때로는 또박또박하게, 때로는 어색하게 자신의 장점들을 드러낸다. 인사 담당자에게 조금이라도 더 다가가기를 바라는 응시생들의 마음이 그대로 전해진다. 1시간 가까이 진행된 면접이 끝났다.

면접을 끝내고 나온 참가자들에게 모의 면접을 본 소감을 물어보았다.

"처음에는 떨렸는데 연습할수록 긴장감이 완화되는 거 같아요. 여러 사람 앞에서 면접에 관한 기술을 쌓을 수 있어 좋았어요."

"대학 4학년이라 면접 볼 기회도 없었고, 연습할 기회도 없어서 보기 전부터 떨렸거든요. 그런데 첫 질문이 저한테 떨어지니까 어떻게 할 수가 없는 거예요. 머릿속이 새하얘졌어요. 울려고 한 건 아니었거든요. 너무 당황스럽고 그래서 나도 모르게 눈물이 나왔는데요. 저한테는 더없이 좋은 기회였어요."

"운 좋게도 구직자 역할을 하게 되었어요. 답변하면서도 다리가 떨리고 입에 경련이 일었는데, 이 경험을 토대로 실제 면접에서도 잘 볼 수 있도록 노력해야겠어요."

"대중 앞에서 면접을 볼 기회가 없었는데 이렇게 많은 사람 앞에서 면접을 보면서, 좋은 경험을 했어요. 꼭 합격할 거예요."

"당혹스럽고 허리도 아프고, 눈도 아팠는데요. 저한테는 좋은 기회였어요."

"그동안 실전 면접 경험이 2번, 연습을 10번 이상했는데, 아직도 많이 부족하다는 것을 느꼈습니다. 더 많이 노력해야겠어요."

여섯 명이 한결같이 아주 독한 예방접종을 맞은 기분이었다는 말로 모의 면접을 하고 난 후 소감을 밝힌다.

여섯 명에 대한 주변 참가자들의 피드백 또한 시종일관 따듯하면서도 예리했다. 잘한 부분은 앞으로 살려서 더 잘할 수 있게, 미비한 부분은 어떻게 보완할 것인지까지 세세한 피드백을 받은 후에야 모의 면접은 마무리되었다. 2박 3일 일정 중 절반이 끝난 것이다.

청년층 취업캠프는 지난해 7월 방학 때 처음으로 시작했다. 호응이 좋아 현재 14회째 실시하고 있다. 취업캠프 과정은 참가자들의 특성에 따라 프로그램 내용이 달라진다.

지피지기면 백전백승 전략이 깔린 이번 캠프 첫째 날에는 자기 이해와 취업 준비, 구인 기업의 채용 전략 이해하기, 만약에 내가 인사 담당자라면 어떤 사람을 뽑을 것인지 인사 담당자가 되어 모집 요강을 만들어 보는 시간으로 구성이 되어 있다.

둘째 날은 이력서, 자기소개서 교육 및 실습, 면접 전략 교육을 통한 면접 실습, 면접 경연대회, 합리적 의사결정 전략 익히기를 통한 집단토론 면접 실습, 감수성 훈련과 자기 사명서 작성 등의 시간으로 구성돼 있다.

셋째 날에는 취업 골든벨(직업에 대한 퀴즈), 진로 비전 및 취업전략 수립하기 등 체계적이고 전문적인 취업 준비를 할 수 있도록 프로그램이 짜여 있다.

매일 오전 9시부터 오후 9시 30분까지 빽빽이 짜인 일정 속에서도 참가자들은 지칠 줄 모른다.

저녁을 끝낸 참가자들에게 몇 가지 질문을 던졌다.

"청년 캠프에서 가장 얻어가고 싶은 것이 있다면 어떤 것이 있어요?"

"취업에 대한 자신감이요."

"이력서, 자기소개서와 면접 보는 법이요."라는 답변이 대부분을 차지했다.

"청년층 취업을 위해 바라는 것이나 원하는 것이 있다면 어떤 것들이 있어요?"

질문을 던지자마자 이곳저곳에서 대학 교육 현실에 대한 비판의 목소리는 물론 정부와 기업에 바라는 다양한 의견들이 나온다.

"대학 교육이 취업에 하나도 도움이 되지 않는 죽어있는 교육입니다. 실무에 필요한 진로에 대한 것들이 전문적이고 체계적으로 이루어졌으면 좋겠습니다. 대학 1학년 때부터 일주일에 1시간 정도 진로와 관련된 강좌가 개설되어 4학년 때까지 꾸준하게 준비할 수 있도록 대학 과정이 바뀌었으면 좋겠습니다. 우리에게는 이런 교육이 절실하거든요." (정민, 26세, 대학 4학년)

"대학 수업 자체가 마음에 안 들어요. 사회나 기업에서 요구하는 인재상을 대학에서는 따라가지 못하고 있는 거 같아요. 80~90년대에 정체되어 있다는 느낌이거든요. 이런 취업캠프가 있으면 수업을 빼서라도 참가할 수 있도록 해주었으면 좋겠어요. 취업에 대한 저희는 마음은 절박하거든요." (김수희, 21세, 대학 2학년)

"한동대 같은 경우는 외국 기업과 연계가 되어 졸업과 동시에 취업할 수 있도록 교과 과정 자체가 취업과 관련이 되어 있다고 하는데요. 우리 교육은 너무 죽어있어요. 대학 교육 따로, 취업 준비 따로 놀다 보니까, 돈이 너무 많이 들어요." (박미현, 22세, 대학 4학년)

"이런 프로그램이 활성화되었으면 좋겠어요. 아직도 많은 청년 구직자가 모르고 있거든요. 고용 안정 센터나 대학에서 지속해서 홍보도 하고 수업 시간도 조정해서 이런 프로그램에 참석할 수 있도록 해주었으면 좋겠어요. 수업 듣는 것보다 우리에게는 이런 프

로그램이 더 절실해요."(김신, 23세, 대학 3학년)

"청년 구직자들을 위해 정부 차원의 노력이 필요해요. 일자리가 서울이나 일부 지역에 편중되어 있으니까, 이곳에서 취업을 하고 싶어도 갈 데가 없어서 못 해요. 광주·전남에도 일자리를 많이 만들어 주었으면 좋겠어요. 우리 고장에서 일하게 해주세요. 산업체 기반 자체가 너무 열악해요. 눈높이를 낮추라고 일부에서는 말도 하지만 낮춰서 갈 만한 일자리도 없잖아요. 이것은 정부에서 해결할 문제인 거 같아요."(박진, 24세, 대학교 졸업)

"지방대 육성, 지역 할당제라는 말이 아직은 하나도 와닿지 않아요. 스펙은 물론 기술 면에서 저희가 뒤진다는 생각은 안 합니다. 취업하기 위해서는 해외 연수 경험도 있어야 한다고 해서 많은 대학생이 어학연수도 다녀왔고, 대학 1학년부터 취업 준비에 매달리고 있습니다. 그런데도 여전히 저희에게는 취업이 막막하기만 합니다. 기회를 좀 더 주세요."(한수성, 27세, 대학교 졸업)

"토익 점수가 아무리 높아도 영어 회화를 못 하는 사람이 많습니다. 토익 점수는 비록 낮더라도 영어 회화는 자유자재로 구사하는 사람도 있거든요. 외국어에 대한 조건을 좀 더 현실화시켰으면 좋겠어요."(최윤, 28세, 대학교 졸업)

참석자들의 강도 높은 바람은 계속 이어진다.

특히 지난해 2월 4년제 대학을 졸업 후 유통업체에 취업했다가 퇴사하고 공무원 시험을 준비 중인 정운석 군(28세)은 요즘 청년 구직자들의 현실을 적나라하게 이야기한다.

"기대를 안고 대기업 들어갔다가도 삼팔선, 사오정이라는 현실을 접한 순간, 더 늦기 전에 공무원 시험 준비나 하자며 퇴사하는 선배나 동기들이 많습니다. 대학 도서관에서 공부하고 있는 사람 중, 절반이 넘는 숫자가 졸업생들입니다. 그중에 80% 이상이 공무원 시험 준비를 하고 있습니다. 고용 안정이 된다면 기업도 선호하지만, 현실적인 여건이 그렇게 안 되니까 너도나도 공무원 시험 준비에 매달려 있는 것입니다. 이것은 국가적으로도 손해라고 생각합니다. 한참 일해야 할 젊은 사람들이 공무원 시험에만 매달려 있다고 생각해 보십시오. 기약 없는 시험 준비에 매달려 있기 싫거든요. 청년들이 일할 수 있는 기반 조성, 무조건 대학만 보낼 것이 아니라, 어려서부터 진로 교육을 해 적성에 맞는 일자리를 찾아갈 수 있는 시스템들이 만들어져야 한다고 생각합니다."

끊임없이 이어지는 참가자들의 하소연을 뒤로 하고 돌아서는 발걸음이 무겁다.

2박 3일 취업캠프에 참가한 소감을 묻는 설문에 가장 많이 나온 답변이 있었다. 대학 교육이 취업과 연계할 수 있는 교육이 되도록 정부가 노력해 주었으면 좋겠다. 이와 같은 취업캠프가 더 많이 활성화되어 취업 준비는 물론 진로 교육의 주축이 되었으면 좋겠다는 내용들이다.

취업에 대한 막연한 불안감으로 시달리고 있던 청년들에게 청년 취업캠프는 사막의 오아시스 같았다는 소감문을 읽었다. 그들을 위해 우리가 해야 할 것은 무엇일까?

취업 준비 시 애로점과 취업캠프에서 얻어가고 싶은 것이 있다면 어떤 것들이 있는지를 묻는 말에 답을 해준 박현욱(27세, 대학 4학년) 군의 말은 우리에게 많은 것을 말해 주고 있다.

"이 시대의 대학 교육이 진정으로 빛을 발할 때는 학문의 성취와 사회 진출을 위한 훈련이 충분히 이루어졌을 때라 생각합니다. 저는 대학 졸업을 앞둔 상황에서 나름대로 사회 진출을 위해 노력하고 있으나 실질적으로 도움을 받을 수 있는 프로그램이 거의 없었습니다. 그러던 차에 광주 종합고용안정센터에서 주최하는 청년 캠프라는 프로그램을 발견하게 되었습니다. 언젠가는 해야 할 취업과 그 전의 면접에 대한 것에 많은 걱정과 두려움이 있는 것이 사실입니다. 하지만 이 프로그램을 통해 자신감을 가질 수 있고 실질적으로 가까운 미래를 대비할 수 있다면 그것은 저에게 가장 큰 자산이 될 것입니다."

【노무현 대통령의 댓글】

"잘 보았습니다. 쉽게 풀 수 없는 문제들이 너무 많다는 생각이 들기도 합니다. 그래도 이렇게 열심히 하는 사람들이 있으니, 희망이 있는 거지요. 나도 열심히 하고 있습니다. 힘!"

약속을 지킨 대통령, 잊지 못할 순간

"진짜로 오세요? 세상에."

"놀랍네요. 구직자들의 고통을 그만큼 알고 계시는 거잖아요."

"가까이서 뵐 수 있다니 영광이에요. 선생님, 떨려요."

광주에 한 번 오시겠다고 하셨던 대통령의 약속이 이렇게 빨리 지켜질 줄은 몰랐다. 구직자들과 함께하는 평소 모습을 그대로 보여드리기로 했다.

나는 그때 구직자들을 대상으로 성공적인 취업으로 가는 지름길, 구직의욕 고취와 서류 및 면접 기술을 알려주는 집단상담프로그램을 진행하고 있었다. 평소처럼 참가자들을 모집했다. 주 5일 하루 6시간씩 구직자들과 울고 웃던 그 모습 그대로 프로그램을 진행했다. 대통령이 프로그램 참관을 하신다는 것은 보안이었다. 오시기로 한 전 날 참가자들에게 양해를 구했다. 참가자들의 반응은 놀라움이었다. 복권을 사야겠다는 사람도 있었다. 진짜냐고 몇 번을 물어보는 사람도 있었다. 그때 당시 썼던 글을 그대로 옮긴다.

「대통령이 광주 종합고용안정센터(현 광주고용·복지+센터)를 방문할 거라는 소식을 처음으로 접한 구직자들의 반응은 믿을 수 없다는 거였다. 그도 그럴 것이, 그동안 구직에 대한 고통은 온전히 자신의 몫이라고만 생각하고 있었는데 대통령이 현장을 직접 챙길 만큼 관심이 있다는 사실이 놀라운 모양이었다.

대통령이 모습을 나타내자, 참가자들의 환호가 이어졌다. 책상을 두드리는 사람, 손바닥이 얼얼해질 만큼 손뼉을 치는 사람, 열렬한 환영은 민생 현안에 지대한 관심이 있는 대통령에 대한 뜨거운 기대였다.

지난 4월 14일 부산에서 있었던 간담회에 직업상담원 대표로 참석한 자리에서 광주를 한 번 방문하겠다고 하셨을 때 그 말씀이 더 열심히 하라는 격려라고만 여겼다.

대통령께서 한 달이 지난 5월 18일 내가 근무하고 있는 광주종합고용안정센터에 오셨다.

"시원찮아도 일자리가 있는 것이 좋고 더 좋은 일자리를 갖기 위해서는 직업능력을 향상해야 하고 그러면 국가경쟁력은 저절로 가게 돼 있다."라며 성공만 하면 다른 모든 정책보다 이 정책을 제일 위에 놓겠다는 약속을 하셨다.

"우리 정부가 하는 모든 정책 중에서 일자리를 찾아주는 정책을 첫 번째로, 사람이 일할 수 있는 능력을 향상하게 시키는 일을 두 번째로 한다."라며 취업에 꼭 성공하라는 대통령의 격려에 성취프로그램 참가자들은 감동했다.

"살다 보니 이런 영광도 누리네요."
"대통령께서 서민들의 아픔에 이렇게 귀를 기울이고 있다는 것은 놀랍고 획기적인 일이에요." 구직자들의 반응은 뜨거웠다. 그때 대통령과 함께했던 구직자들의 한결같은 반응은 현장과 소통하는 대통령이 너무 멋지다는 거였다.

구직자들과 함께한 애환을 진솔하게 썼던 글이 대통령의 현장 방문까지 이어질 줄은 꿈에도 몰랐다. 그동안 직업상담을 하면서 뉴스에서 생활고 때문에, 혹은 취업하지 못해서 자살했다는 소식을 접할 때마다 마음이 아팠다. 실제로 구직자 중에 자살 직전까지 갔다가 직업상담을 통해 재기에 성공한 사람도 있었다. 그들의 생생한 이야기를 통해 더 많은 사람이 혜택을 받을 수 있기를 바라는 마음에 글을 썼다. 독자들의 반응은 뜨거웠고 그 안에 대통령도 계셨다. 성취프로그램 참관을 끝내고 대통령은 나랑 악수하면서 "저번에 올린 글에도 답글을 달았는데, 에러가 나서 올리지를 못했어요."라고 하셨다. 이렇게 소탈한 대통령이라니. 뭉클했다. 그분은 항상 현장의 소리에 귀를 열어놓고 계셨다.

그동안 우리가 해 왔던 크고 작은 일들을 알아주시는 대통령이 곁에 계신다는 사실이 너무 행복하다고 직원들은 말했다. 내가 만난 대통령은 소탈하시고 진솔하셨다. 사람들은 나에게 물었다. 대통령을 비롯한 여러 사람 앞에서 강의하는데 떨리지 않았느냐고. 나는 이렇게 대답했다.

"시작하기 전까지는 떨리더라고요. 하지만 생각해 보니 이 분야는 내가 제일 전문가잖아요. 대통령도 장관도 참관하러 오신 분들도 직업상담 현장은 우리만큼 모르시잖아요. 내가 전문가라 생각하니 떨리기보다는 힘이 나더라고요."

그날 나는 세상에서 가장 배포 큰 여자가 되었다.」

대통령은 내 에세이도 읽으셨다. 구직자들의 눈물겨운 꿈을 향한 고군분투기를 엮은 글 "내 인생 쨍하고 해 뜰 날"이 나오자, 나는 편지와 함께 책을 대통령께 보냈다. 책을 읽으시고 나에게 편지를 보내주셨다.

【노무현 대통령의 편지】

이명숙 님께.

답장이 늦었습니다. 보내주신 책과 편지, 잘 받아보았습니다. 좋은 책 내신 것을 축하합니다.

글 하나하나에서 일에 대한 긍지와 열정, 그리고 보람을 느낄 수 있었습니다. "신념이 있는 한 기회는 반드시 주어진다."라는 글귀도 가슴에 와닿습니다. 직업상담원은 희망을 전하는 일이라는 말이 딱 맞는 것 같습니다. 이명숙 씨를 비롯한 모든 직업상담원 여러분께 감사와 격려를 보냅니다.

지난 5월 저의 방문이 고용지원센터 여러분과 구직자들에게 힘이 되었다니 기쁩니다. 그때 여러분이 보여주신 성원이 제게도 큰 힘이 되고 있습니다. 함께 힘을 모아서 더 많은 사람에게 일자리를 찾아주고, 그래서 미래의 희망도 키워갑시다.

광주종합고용지원센터 가족 여러분의 건강과 행복을 기원합니다.

2006년 11월 29일

대통령 노무현

이 편지를 액자에 넣어 보관 중이다. 직장 생활을 하는 동안 서너 곳에서 이직 권유를 받기도 했다. 훨씬 좋은 조건으로 스카우트 제의를 받을 때마다 나를 머물게 한 것은 그분과 한 약속이었다. 우리나라 최초 직업상담원이자 직업상담직공무원으로 소임을 다 하겠다는. 그 소임이 끝나고 나는 아들과 함께 봉하마을을 찾았다. 노란 국화와 하얀 국화를 그분 앞에 놓았다. 나는 오랫동안 고개를 들지 못했다. 어깨를 들썩이는 나를 아들은 가만히 다독였다.

"당신 덕분에 28년간 직업상담 분야에서 여한 없이 일을 할 수 있었습니다. 이제 그 임무 끝내고 인사드리러 왔습니다. 저에게는 고마운 독자이자 멋진 대통령이셨습니다. 이제 제가 그토록 쓰고 싶었던 글을 쓰면서 여생 살아가겠습니다. 직업상담원인 저와 맺었던 그 인연도 글로 남기겠습니다. 당신은 언제나 제 마음속에 살아 계십니다. 당신 덕분에 제가 정년퇴직할 때까지 버틸 수 있었습니다. 고맙습니다."

정년퇴직 후 인사를 드리러 간 봉하마을. 그분이 계셨던 곳곳을 아들과 나는 해가 저물 때까지 걸었다.

우리나라 최초 직업상담직 공무원이 되었다

우여곡절 끝에 경력 채용 시험을 거쳐 합격한 사람들은 직업상담직 공무원이 되었다. 2007년, 우리나라 최초 직업상담직 공무원이 탄생하기까지 과정은 쉽지 않았다. 책임과 선임 직업상담원은 8급, 전임직업상담원은 9급으로 임용이 되었다. 직업상담원은 직급이 전임, 책임, 선임으로 나뉘어 있었다. 나는 선임 직업상담원에서 직업상담직 공무원이 되었다.

직업상담원으로 근무했던 시절은 결코 헛된 시간이 아니었다. 우리는 서로를 지지하며 버텼고, 사명감으로 일했다. 우리가 지켜낸 것은 직업에 대한 자부심이었다. 직업상담원으로서, 한 사람의 인생을 변화시킬 수 있다는 믿음이 결국 우리를 버티게 한 힘이었다. 그 시간이 남긴 흔적은 여전히 내 마음속에 따뜻하게 남아 있다.

정년퇴직 후 그 시간을 돌아보면, 직업상담원으로서 내 역할은 단순한 직업을 넘어선 것이었다. 나는 나의 사명을 다했다고 믿는다.

<시스템과 현실 사이의 틈>

직업상담 현장에서 28년간 근무하는 동안, 나는 두 개의 다른 정체성을 가진 채 살아왔다. 처음 12년은 직업상담 공무직으로, 그 후 16년은 직업상담직 공무원으로 일했다. 정년퇴직한 지금, 나는 그 모든 시간이 남긴 질문과 답을 되돌아보며 이 글을 쓴다.

공무원이라는 타이틀은 사회적으로 안정성과 권위를 의미했다. 시스템의 규정에 맞춰야 하는 공무원으로 해야 할 역할과 사람의 이야기를 듣고 공감하는 상담원으로 해야 할 역할 사이에는 보이지 않는 틈이 존재했다.

상담 현장에서 마주하는 현실은 서류 한 장으로 설명할 수 없는 복잡한 문제들로 가득했다. 취업 실패로 자존감을 잃은 청년, 경력단절로 불안에 떠는 중년 여성, 생계의 무게에 짓눌린 가장들. 이들의 문제는 단순히 일자리 정보만으로 해결되지 않았다.

시스템은 종종 그런 복잡성을 간과했다. 정해진 규정과 절차, 보고서 작성과 성과 지표는 우리가 진정으로 해야 할 일과 충돌하기도 했다. 내담자와 진심 어린 대화보다 더 중요한 것이 숫자로 나타나는 결과일 때, 나는 종종 회의를 느꼈다.

그런데도 나를 지탱한 것은 직업상담이라는 일의 본질이었다. 직함이 무엇이든, 결국 내가 하는 일은 사람을 돕는 것이었다. 그들의 이야기를 들었다. 가능성을 찾으며, 함께 울고 웃는 과정에서 나는 진정한 의미를 발견할 수 있었다.

"선생님 덕분에 다시 일어설 수 있었습니다."

그 한마디는 내가 누구인지 명확한 답이 되어주었다. 나는 공무원이자, 상담원이었다. 시스템 안에서 일했지만, 그 시스템을 넘어 사람의 마음을 움직이는 사람이 되려고 노력했다.

직업상담직 공무원으로 근무한 16년 동안, 나는 안정적인 지위를 얻었지만 내 마음이 변한 건 없었다. 오히려 더 깊이 고민하고, 더 많은 책임감을 느꼈다.

시간이 흐르면서 나는 시스템과 현실 사이의 틈이 나를 더 성장시켰다는 것을 깨달았다. 모순 속에서 고민했다. 그 고민을 통해 더 나은 상담을 할 수 있었다. 우리는 사람과 사람 사이의 연결고리가 되어주었다.

정년퇴직 후 돌아보니, 그 틈이 나를 더 단단하게 만들었다. 공무원이라는 타이틀이 내 모든 게 아니었듯, 상담원이라는 역할도 전부는 아니었다. 중요한 것은 내가 어떤 마음으로 그 일을 했느냐였다.

28년간 직업상담 여정은 단순한 기록이 아니었다. 그것은 내 정체성을 찾아가는 과정이었다. 그 과정이 바로 내 길이었다. 내가 만난 많은 사람은 각자 사연과 상처를 품고 있는 작은 우주였다. 나는 그들의 이야기를 들으며 '일'이란 무엇인가에 대해 끊임없이 고민했다. 퇴직자부터 경력 단절 여성까지, 청년부터 노년에 이르기까지 다양한 사람들이 보여준 '일의 의미'는 나의 상담 인생을 채워준 가장 소중한 자산이었다.

일은 단순한 생계 수단이 아니었다. 그것은 한 사람의 정체성, 자존감, 삶의 의미를 결정짓는 중요한 요소였다. 나 역시 직업상담이라는 일을 통해 성장했다. 누군가에게는 작은 변화일지 몰라도, 한 사람의 인생을 바꾸는 그 순간들이 나를 이 자리까지 이끌었다.

퇴직 후 일 년이 지나 다시 되돌아보니 직업상담은 단순한 상담이 아닌, 사람의 삶을 함께 고민한 시간이었다. 오늘도 나는 스스로 묻는다. "일의 진정한 의미는 무엇인가?" 그 답은 아마도 이 글 속에 담긴 수많은 이야기 속에 있다. 그 이야기는 앞으로도 계속될 것이다.

<숫자보다 중요한 것은 사람>

근무하는 동안, 내가 가장 자주 부딪혔던 벽은 바로 '숫자'였다. 해마다 연말이 되면 기관은 취업률에서 벗어날 수 없었다. 어떤 기관도 평가에서 벗어날 수 없다는 걸 잘 알고 있다. 취업률은 분명 중요한 지표였다. 기관의 성과를 측정하고, 정책의 효과를 가늠하는 기준이기도 했다. 하지만 내가 만난 사람들의 사연은 결코 숫자로 환산할 수 없는 깊이를 가지고 있었다.

한 번은 오랜 시간 재취업을 하지 못해 실의에 빠져있던 중년 남성이 찾아왔다. 그는 자신을 믿지 못하고 있었다. 나와 그는 오랜 기간 함께했다. 작은 강점부터 찾아갔다. 그것들을 하나씩 발전시켰다. 재취업이 되기까지 일 년이 넘은 과정을 거쳤다. 만약 취업률이라는 숫자만을 고려했다면 그 과정을 충분히 함께하지 못했을 것이다. 그 사람에게 필요한 것은 '빠른 취업'이 아니었다. 그에 맞는 '올바른 자리'를 찾는 것이 중요했다.

직업상담은 단순히 이력서를 다듬고 면접 기술을 가르치는 일이 아니었다. 한 사람의 내면을 들여다봤다. 그가 가진 가능성을 발견해 나갔다. 때로는 잊고 있던 자존감을 회복시켜 주는 과정이기도 했다. 취업률이라는 압박은 상담의 본질을 흔들기도 했다.

"이 사람은 취업 가능성이 얼마나 될까?"라는 질문이 무의식적으로 떠오를 때도 있었다. 나는 스스로 마음을 다잡았다. 직업상담의 목적은 '통계'가 아닌, '한 사람의 인생'을 돕는 것임을 잊지 않았다. 보고서에는 '취업자 수', '취업 유지율' 같은 숫자들이 가득했다. 그 숫자 뒤에는 각기 다른 얼굴과 이야기가 있었다. 청년 구직자, 경력단절 여성, 퇴직자, 한부모 가정 등 나를 찾아온 이들의 상황은 모두 달랐다.

나는 수많은 보고서를 작성했다. 성과를 관리했다. 퇴직 후 내 마음에 남은 건 숫자가 아니었다. 그것은 현장에서 만난 사람들의 눈빛, 그들의 작은 변화와 성장, 어느 날 불쑥 찾아와 건넨 감사 인사였다.

"선생님 덕분에 다시 일어설 수 있었어요."

이 한마디가 수많은 통계보다 더 큰 의미가 있다. 상담은 결과만을 위한 과정이 아니라, 과정 자체가 결과가 되는 일이었다.

정년퇴직 후, 나는 숫자들의 압박에서 벗어났다. 취업률, 성과 지표, 통계 보고서 같은 것들은 더 이상 의미가 없었다. 시간이 지날수록 깨달은 것은, 숫자들이 사라진 자리에 남아 있는 것은 사람이었다. 그들의 이야기가 자리를 잡고 있었다.

지금도 내가 만났던 수많은 얼굴들이 잊히지 않는다. 힘겹게 취업의 문을 두드리던 청년, 경력 단절의 벽을 넘어 새로운 시작을 찾던 여성, 은퇴 후 삶의 의미를 찾으려 했던 중년 남성들. 그들의 표정, 목소리, 함께했던 작은 순간들이 숫자보다 더 선명하게 남아 있다.

퇴직 후, 나는 스스로 묻기 시작했다. '나는 과연 직업상담이라는 이름 아래 무엇을 지켜왔던가?' 그 질문에 대한 답은 의외로 단순했다. '숫자가 아닌 사람.' 나는 언제나 사람을 봤다. 그들의 이야기에 귀 기울이고 싶었다.

이제 와 돌아보니, 상담의 진정한 가치는 숫자가 아닌 과정에 있었다. 한 사람의 마음이 조금 더 단단해지고, 다시 도전할 용기를 얻게 되는 그 순간들. 그것이야말로 내가 직업상담에 머문 이유였다. 직업상담의 가치는 결과로만 평가될 수 없었다. 그것은 한 사람의 인생에 남아 있는 작은 흔적이자, 내 기억 속에 따뜻한 순간으로 살아남아 있었다.

이 글을 쓰면서도 나는 나에게 묻는다.

"너는 지금, 무엇을 보고 있는가?"

나는 대답한다.

"나는 늘 사람을 보고 있었고, 앞으로도 그럴 것이다."

직업상담은 시대를 읽는 일

직업상담을 하면서 살아온 시간은 나에게는 그 자체가 역사였다. 서너 권으로도 모자라는 대서사였다. 페이지마다 사람들의 이야기가 빼곡히 적혀 있었다. 그 속에는 시대의 변화가 고스란히 담겨 있었다. 직업상담은 단순히 일자리를 찾는 과정이 아니라, 사람과 사람, 사람과 시대를 이어주는 따뜻한 다리였다. 나는 그 다리 위에서 수많은 사람과 걸음을 함께했다.

1996년, 대한민국 최초 직업상담원으로 첫발을 내디뎠다. 그때만 해도 '직업상담'이라는 단어는 낯설었다. 많은 이들이 직업상담을 단순한 취업 알선으로 여겼다. 구직자들의 이야기를 들으면서, 나는 알게 되었다. 이 일은 단순한 취업 소개가 아니었다. 꺼져가는 불씨를 지피는 일이었다.

❧

IMF 외환 위기 당시, 직업상담 현장은 절망의 무게로 가득했다. 일자리를 잃은 가장들, 좌절한 청년들, 가족을 지키기 위해 눈물을 삼키던 이들이 문을 두드렸다. 나는 그들의 이야기를 들었다. 작은 희망의 불씨를 지폈다. 때로는 그 불씨가 금세 꺼지기도 했지만, 그 한 줄기 빛이 누군가의 어둠을 조금은 덜어주었다.

❧

내가 직업상담 현장에서 만난 사람들은 늘 자신이 누구인지에 대한 의문을 품고 있었다. 번듯한 직장을 다니지만 허탈함을 느끼는 사람, 오랜 경력 단절 끝에 다시 일어설 용기를 내는 주부, 퇴직 후 새로운 삶을 준비하는 장년. 이들의 공통점은 단 하나였다. "나는 누구인가?"라는 질문을 품고 있었다. 상담은 그 질문에 대한 답을 함께 찾아가는 과정이었다. 이력서 한 장, 면접 기술을 넘어, 그 사람의 가치를 들여다보는 일이었다. 나는 더 이상 '답'을 주는 사람이 아니었다. 대신 그들이 자신만의 답을 찾을 수 있도록 곁에서 걸어주는 동반자였다.

❧

직업상담의 본질은 '사람을 이해하는 것'이었다. 그들은 시대의 한복판에서 맨몸으로 서 있는 사람들이었다. 그들을 이해하기 위해서는 시대를 읽어야 했다. 사회는 빠르게 변했다. 그 시대를 따라가지 못하면 직업상담은 수박 겉핥기가 되어 버린다.

2000년대 초반 IT 붐, 2007년 금융 위기, 최근 팬데믹까지. 시대의 큰 파도는 일자리를 뒤흔들었다. 나는 그 파도 속에서 길을 잃은 이들과 함께했다. 직업상담 현장은 따뜻한 항구였다. 그곳에서 사람들은 잠시 머물며 상처를 치유했고 다시 항해를 준비했다.

정년퇴직 후, 나는 미래 직업상담에 대해 더 깊이 생각하게 되었다. 인공지능, 자동화, 디지털 전환. 세상은 계속 변한다. 하지만 변하지 않는 것이 있다. 그건 바로 '사람'이다.

AI가 적합한 구인처를 찾아주고 다양한 구직 기술은 제공해 줄 수 있을지 몰라도 그 마음조차 헤아려 줄 수는 없다.

미래의 직업상담은 한 사람이 자신의 가치를 발견하고 성장할 수 있게 해주는 여정이 될 것이다. 아무리 인공지능이 빠르게 우리 생활을 변하게 할지라도 사람이 가지고 있는 본질은 그대로 남아 있다. 직업상담영역이 더 전문적이고 체계적으로 되어야 할 이유가 여기에 있다. AI가 아무리 발전해도 할 수 없는 건, 사람과 사람 사이에서 오고 가는 따뜻한 감정의 교류들이다.

인공지능과 더불어 직업상담이 성장해 가려면 더 전문적이고 체계적이며 따뜻해져야 한다. 시대의 흐름을 읽으며 그 시대를 앞서가는 선지자 역할을 할 수 있는 영역이 직업상담 분야다.

정년퇴직을 한 이후에도 나는 여전히 직업상담영역에 종사하고 있는 모든 이들을 응원하고 지지한다.

4장

60년생이 온다

변화는 끝이 아니라 또 다른 시작이다

_ 알베르트 슈바이처

뚝배기 같고 사골처럼 진한, 60년생

나는 하기로 마음먹은 일은, 일단 무조건 1년은 해본다. 잠시 멈추고 싶을 때가 있어도, 그건 그냥 '쉼표'일 뿐. 한번 시작하면, 결국 끝까지 간다. 봄, 여름, 가을, 겨울. 사계절이 지나야 비로소 보이는 것들이 있다. 글을 쓰는 일도 마찬가지였다. 직장생활하며 국정브리핑이나 오마이뉴스에 글을 쓸 때도, 지금처럼 블로그와 브런치에 글을 올릴 때도 그랬다. 일 년 정도 꾸준히 써 보면 알게 된다.

'써 보니 이런 게 좋구나.'

'이렇게 해보면 되는구나.'

나만의 흐름이 자연스럽게 정리된다. 나는 뚝배기 같고, 사골국물 같은 사람을 좋아한다. 오래 끓일수록 맛이 깊어지는 삶을 사랑한다. 축하할 일이 생기면, 모두의 환호가 끝난 그 고요한 순간부터 내 축하는 시작된다. 나는 오래도록 축하하고, 천천히 음미한다.

글을 읽을 때도 마찬가지다. 그가 작가라면, 나는 글 속 숨결과 한 자 한 자 새겨진 인고의 시간을 마치 걸어가듯 느끼며 읽는다.

어제, 와이즈카페 강의를 들었다. 와이즈카페는 '마흔에 깨달은 인생의 후반전' 저자인 더블와이파파가 운영하는 온라인 커뮤니티다. 그 시간은 나에게, 뚝배기처럼 묵직하고 사골국물처럼 깊은 맛을 남겼다. 60년을 넘게 살아온 이들의 서사. 그 육성이 생생히 내 마음을 두드렸다. 거기에는, 진심이 있었고, 시간이 있었고, 연륜이 있었다. 나는 강의를 들으며 생각했다.

'60년생이 온다.'

60년생들이 본격적으로 은퇴하고 세상으로 나오면, 과연 어떤 변화가 일어날까? 문화센터, 국악원, 문화원. 어디를 가든 수강생의 삼분의 이는 60대 이상이다. 그들의 공통점은 뚜렷하다. 배움에 대한 열정이 식지 않았다는 것. 한때 '90년생이 온다'가 베스트셀러였지만, 지금은 '60년생이 온다'로 바뀌어야 할 판이다.

퇴직 후, 나는 나를, 그들을 들여다보았다. 60대의 삶은 단지 노년의 여유로움이 아니었다.

거기에는 여전히, 배움이 있었고, 성장이 있었다. 60년대생, 그들은 세상을 직접 몸으로 부딪치며 배운 세대다. 수많은 변화를 겪으며 자기 속도로 미래를 향해 나아가는 사람들이다. 문화센터에서는 화선지에 글씨를 쓰고, 국악원에서는 해금을 켠다. 영어 회화 수업에서는 유창하게 인사하며 웃는다. 그 모든 순간, 그들은 여전히 삶을 써 내려가고 있다.

60년생이 온다.

그건 단순히 나이를 의미하지 않는다. 그것은 삶에 대한 태도다. 어떻게 채워갈 것인가, 어떤 빛깔로 살아갈 것인가에 대한 이야기다. 세상은 끊임없이 변한다. 새로운 세대가 등장하고, 또 다른 철학이 만들어진다. 60년생은 베이비붐 세대이자, 밀레니얼 세대의 부모가 되었다. 그들은 격동의 시대를 지나, 정보화와 글로벌 시대를 거쳐, 이제 은퇴라는 새로운 문 앞에 서 있다.

그들은 멈추지 않는다. 어떤 이는 새로운 배움을, 어떤 이는 나처럼 그동안 꿈꿔왔던 것을 실천하며 살아간다. 내 주변에 있는 60년생들의 공통적인 특징은 기존의 틀을 벗어나 사고가 자유롭고 유연하다.

퇴직 후에도 자신만의 방식으로 멋을 찾아가는 그들은 더 이상 노인이 아니다. 그들은 '신중년'이다. 이제는 사회적인 성공보다는 개인적인 만족과 행복을 추구한다.

386세대로 한 시대를 풍미했던 그들이 이제는 686이 되어 자신의 삶을 만들어 가고 있다. 그들은 끊임없이 자기 자신을 재정립한다. 새로운 도전을 두려워하지 않는다. 나이와 상관없이 삶을 주체적으로 살아가고 있다. 이들이 만들어 갈 세상은 그들이 지나온 시간만큼이나 다채롭고 깊이가 있을 것이 분명하다.

나는 나이를 먹었다는 표현보다 익어간다는 말을 좋아한다. 모든 걸 수동태가 아닌 능동태로 받아들인다. 주도적이고 적극적인 자세로 삶을 맞이한다. 앞으로 나와 그들이 만들어 갈 세상이 궁금하다. 뚝배기 같고 사골처럼 진한 60년생이 온다.

386에서 686이 되다, 두 번째 도약

나는 386이었다. 1960년대에 태어나, 80년대에 대학을 다녔으며, 30대에 사회의 중심으로 떠올랐던 세대. 민주화를 외쳤고, 시대의 불꽃 속에서 청춘을 불태웠다. 그 치열했던 시절을 지나 어느덧 우리는 60대가 되었다. 386이던 우리는 이제 686이 되었다. 다시, 새로운 삶의 질문과 마주하고 있다.

1980년대 대학 캠퍼스는 늘 긴장감으로 가득했다. 민주주의를 향한 갈망, 불의에 맞서는 함성, 끝없이 퍼지던 최루탄 냄새. 책보다 시대를 공부했다. 강의실보다 거리에서 더 많은 것을 배웠다. 그 시절, 이상을 품고 있었다. '정의', '자유', '평등' 같은 단어들이 가슴속에서 불타올랐다. 친구들과 함께 토론했다. 때론 밤새도록 꿈을 이야기했다. 청춘은 늘 뜨거웠다.

졸업 후 사회로 나갔다. 꿈꿨던 세상은 여전히 차갑고 냉혹했다. 책 속의 이상은 현실의 벽 앞에서 무너질 때도 많았다. 포기하지 않았다. 가족을 책임졌다. 직장에서 경쟁했다.

직장에서는 효율성과 성과가 중요했다. 가정에서는 부모의 역할이 컸다. 이상과 현실 사이에서 흔들렸지만, 그 속에서도 나만의 길을 찾으려 애썼다. 청춘의 불꽃은 사그라들었지만, 그 불씨는 여전히 가슴 한편에 살아 있다.

이제 나는 686이 되었다. 이 숫자는 단순히 나이의 변화만을 의미하지 않는다. 60대에 접어든 삶은 또 다른 전환점에 서 있다. '6'이라는 숫자는 여전히 배움과 성찰을 이어가는 나이를 상징한다. '8'은 우리가 청춘을 보냈던 1980년대의 열정과 꿈을 떠올리게 한다. 마지막 '6'은 여전히 끝나지 않은 여정과 새로운 시작을 의미한다. 686은 단순한 숫자가 아니다. 그것은 과거와 현재, 미래를 연결하는 코드다.

눈 한번 깜빡해 보니 세월이 흘러 있었다는 말을 많이 한다. 그랬다.

세월은 빠르게 흘렀다. 어느새 60대가 되었다. 사회적 지위, 직함, 책임감으로 가득했던 삶에서 벗어났다. 직장에서 타이틀이 사라졌다. 자녀들도 독립한 후 남은 것은 나 자신이었다. 명함도, 직함도 더 이상 나를 설명해 주지 않았다. 이제는 직업이 아닌, 나에 대한 존재 가치를 찾아야 했다.

'나는 어떤 삶을 살고 싶은가?'

나는 여전히 배우고 있다. 과거에는 '무엇을 이루었는가?'가 중요했다면, 이제는 '어떻게 살아가고 있는가?'가 더 중요한 질문이 되었다. 시간은 우리에게 많은 것을 앗아갔지만, 동시에 더 깊은 깨달음을 안겨주었다. 이제 속도를 늦추고, 주변을 돌아볼 수 있게 되었다. 가족과 친구, 무엇보다도 나 자신이 얼마나 소중한 존재인지 깨달았다. 끝이 아닌, 또 다른 시작을 하는 문 앞에 서 있다. 20대 청춘과는 다른, 더 깊고 넓은 인생 여정을 시작한다. 그동안 쌓아온 삶이 단단한 성이 된.

이제는 남은 시간을 어떻게 살아갈 것인가가 중요하다. 새로운 도전을 두려워하지 않는다. 작은 일상에서도 기쁨을 찾는다. 여전히 배우고 성장하는 삶을 살고자 한다.

60년생이 온다. 그것은 단순한 숫자가 아니다. 우리가 살아낸 시대의 증거다. 치열한 경쟁, 가족의 따뜻함, 새로운 도전까지. 모든 순간이 모여 지금의 우리를 만들었다. 이제 말할 수 있다.

"나는 치열하게 살았고, 여전히 살아가고 있다."

달리던 인생, 잠시 내려와 마주한 세상

늘 바빴다. 경쟁 속에 살았다. 일정표는 촘촘했고, 빈 곳이 생기면 불안했다. 언제나 머릿속에는 '해야 할 일'이 가득했다. 이 모든 게 내 삶의 일상이었다. 멈춰야 하는 법을 몰랐다. 달리기만 했다. 그 끝에는 무엇이 있었을까? 정년퇴직한 순간, 그 쉼표 앞에서 나는 비로소 물었다. 바쁘게 달려온 길 끝에 남은 것은 무엇인가?

처음으로 아침 해가 천천히 뜨는 모습을 오래 바라보았다. 커피 한 잔의 온기가 손끝을 타고 스며드는 감촉, 창밖에 불어오는 바람의 숨결, 창가에 앉아 조용히 흐르는 시간. 그 순간 깨달았다. 나는 그동안 삶의 본질을 빠르게 지나쳐 버렸다는 것을. 속도를 늦추니 비로소 보이는 것들이 있었다.

정년퇴직 후 삶은 새로운 여행이었다. 이 여행에서는 목적지보다 여정 자체가 중요했다. 매일 일정에 쫓기지 않아도 되었다. 새로운 성과를 증명하지 않아도 되었다. 오히려 아무것도 하지 않는 시간이 내게 더 큰 의미로 다가왔다. 천천히 걷는 산책길에서 만난 작은 들꽃 한 송이, 아이들의 웃음소리, 낯선 이와 나눈 짧은 인사 한마디가 깊은 울림으로 다가왔다.

속도를 늦춘다는 것은 단순히 움직임을 멈추는 것이 아니었다. 그것은 나를 둘러싼 세상과 더 깊이 연결되는 방식이었다. 바쁘게 달릴 때는 보이지 않던 사람들의 표정, 계절의 변화, 내 숨결까지도 선명하게 느낄 수 있었다. 내 삶의 풍경을 더욱 풍요롭게 만들어 주었다.

그동안 나는 많은 사람의 꿈과 고민을 듣고 함께 길을 찾았다. 그 과정에서 늘 조언했다. "자신의 속도를 찾아가세요." 정작 나 자신은 그 말을 실천하지 못한 채 앞만 보고 달려왔다. 이제야 그 말의 진정한 의미를 이해하게 되었다. 속도를 늦춘다는 것은 실패가 아니라, 삶을 더 깊이 음미하는 방법이었다.

느림은 뒤처짐이 아니라 여유였다. 그 여유 속에서 진정한 나를 마주할 수 있었다. 아무것도 하지 않는 시간, 생각에 잠기는 시간, 물멍, 불멍, 비멍, 눈멍, 차멍. 이 모든 순간이 나를 더 단단하게 만들어 주었다.

나는 날마다 산책한다. 걷는 동안 바람 소리를 듣고, 나무 향기를 맡으며, 따스한 햇살을 느낀다. 그 속에서 발견한 것은, 바로 '지금, 이 순간'의 소중함이었다.

달리던 인생에서 잠시 내려와 바라본 세상은 더 넓고, 더 아름다웠다. 이제는 더 이상 속도를 높이기 위해 애쓰지 않는다. 대신, 매 순간을 음미하며 나만의 리듬으로 걸어간다. 그 길 위에서 진짜 나를 만나고, 진정한 삶의 의미를 찾아가고 있다.

내 앞에 '6'이라는 숫자를 달고서야 깨달은 건 삶은 빠르게 달리는 경주가 아니라는 거다. 그것은 매 순간을 깊이 느끼고, 음미하는 여정이다. 그 여정 속에서 우리는 가장 소중한 것을 발견하게 된다. 속도를 늦추고, 삶을 음미하는 것. 그것이야말로 내가 찾은 진정한 행복이다.

세대와 세대 간 진정한 동행

시간은 조용히, 종이 위 잉크처럼 스며들었다. 떨어지자마자 스며들어, 곧장 세월이 되어버렸다. 나는 어느새 자식 세대와 부모 세대의 경계선에 서 있다. 이 경계에서 나는 스스로 묻는다. "나는 젊은 세대와 부모 세대 중간에서 어떻게 함께 살아갈 수 있을까?"

젊은 세대 앞에서 우리는 쉽게 과거의 경험을 무기처럼 꺼내 들지만, 세상은 빠르게 변하고 있다. 그 변화 속에서 나의 경험은 낡은 지도가 된다. 나는 지도를 내려놓고, 함께 길을 걸어가는 동반자가 되고 싶다.

진정한 이해는 듣는 귀에서 시작한다. 젊은 세대든, 부모 세대든, 그 속에는 시대의 숨결이 담겨 있다. 내가 배워온 방식으로 그들을 재단하기보다는, 그들의 언어로 세상을 바라보는 것이 진정한 이해다.

결혼에 대한 가치관도 풍속도 예전과는 많이 달라졌다. 우리 부모 세대에서는 결혼은 반드시 해야 하는 거였다. 지금 내 세대에서는 결혼은 선택이라고 말하는 자식들의 의견을 존중하는 사람들이 많아졌다.

"자식들이 결혼을 안 하고 싶다면 존중할 거예요."

결혼한 자식들이 아이를 낳지 않겠다고 해도, "자식들은 자식들의 인생이니 그 선택에 대해서 달리하고 싶은 마음이 없어요."라고 말들을 한다.

받아들이는 거나 인생을 대하는 자세가 우리 부모 세대보다 훨씬 유연해졌다.

경험은 한 사람의 인생 이야기일 뿐, 절대적인 답은 아니다. 삶은 정답을 찾는 시험이 아니다. 그보다는 자신만의 질문을 만들어 가는 과정이다. 각자 질문에 대해 스스로 답을 찾아가는 존재다. 그 과정에서 성장하고 변화한다.

젊은 세대와 관계에서 중요한 것은 '공감'이 아닌 '공존'이다. 그들이 살아가는 방식과 내가 살아온 방식이 다르다는 것을 인정한다. 그 다름은 불편함이 아니라 새로운 시각을 열어주는 창이라는 사실을 받아들인다. 필요할 때 따뜻한 손을 내밀 준비를 한다. 때로는 그들의 길에 동행하며, 때로는 멀리서 지켜봐 주는 것이 진정한 지원이 될 수 있음을 안다.

⁂

나는 여전히 배우는 중이다. 배우는 것이 더 이상 젊은 세대의 특권이 아니다. 그것은 모든 세대의 특권이다. 더 이상 '가르치는 사람'이 아니라, '함께 배우는 동료'가 되기로 한다. 새로운 것을 배우며 나는 늘 한계를 인정한다. 인정에서 그치는 것이 아니라 그것을 넘어설 방법을 함께 모색한다. 젊은 세대에게 '답'이 되고 싶지 않다. 대신 '질문'이 되는 사람이 되고 싶다. 그들이 자신만의 답을 찾을 수 있도록 이끄는, 때로는 도전하게 만들고, 때로는 따뜻하게 감싸주는 존재. 무엇보다 그들이 나보다 더 나은 세상을 만들어 갈 수 있도록 믿고 지지하는 존재. 지혜는 정답에 머무르지 않고, 질문을 지속하는 과정에서 자라난다.

⁂

다음 세대와 함께 살아간다는 것은 세대 간의 연결을 의미하지 않는다. 그것은 서로의 가치를 존중하고, 서로 다름을 포용하는 과정이다. 우리는 서로에게 거울이 되어 자기 모습을 돌아보고, 다름을 통해 더 넓은 세계를 경험한다.

⁂

이제 나는 스스로 이렇게 묻는다. "나는 어떤 사람으로 기억되고 싶은가?" 그 답은 아직 완성되지 않았다. 아마도 평생 완성되지 않을 것이다. 중요한 것은 그 답을 찾아가는 여정 자체가, 나를 더 나은 사람으로 만들어 준다는 사실이다. 젊은 세대와 함께 걷는 이 길에서, 부모 세대와 동행하는 그 길에서 나 또한 끊임없이 성장하고 있다. 이 여정 속에서 우리는 서로에게 영감을 주며 더 나은 세상을 향해 나아갈 수 있다.

함께 살아간다는 것은 나와 너의 경계를 허물고, 우리라는 더 큰 공동체를 만들어 가는 과정이다. 자식 세대와 부모 세대 그 차이 속에서 더 깊은 이해와 새로운 가능성을 발견한다. 함께하는 이 여정은 끝이 없는 성장드라마다.

핑계와 방법, 인생은 선택이다

안 된다고 하는 자는 핑계를 찾고
된다고 하는 자는 방법을 찾는다.

성공한 사람은 방법을 찾고
실패한 사람은 핑계를 찾는다.

하기 싫은 자는 핑계를 찾고
이루려는 자는 방법을 찾는다.

포기하는 자는 핑계를 찾고
하고자 하는 자는 방법을 찾는다.

하고자 하는 자는 방법을 찾고

하기 싫은 자는 핑계를 찾는다.

이 문구들은 표현은 달라도 의미는 같다. 동기부여와 자기 계발에 자주 사용되는 문구들이다.

인생길을 걸어가다 보면 수많은 순간과 마주하게 된다. 그 순간들 속에는 다양한 길들이 존재한다. 직선만 있는 것도 아니고 곡선은 물론 오르막길, 내리막길, 심지어 길조차 없는 곳에서 길을 잃고 헤맬 때도 있다. 눈앞에 닥친 문제를 피해 가고 싶은 순간도 있다.

직업상담을 하면서 가장 크게 깨달은 것이 있다. 그것은 바로 핑계와 방법의 차이였다. 어떤 상황에서도 방법을 찾아 나선 사람은 취업하든, 자영업을 하든 결과는 성공이었다. 훨씬 더 좋은 환경과 조건을 가지고 있어도 할 수 없는 한 가지 핑계에 매달려 있던 사람은 결국 그 핑계대로 인생을 살아가고 있었다.

"내 말이 맞잖아요. 내가 안 된다고 했잖아요."라며 그 핑계로 더 깊숙이 들어갔다.

사람은 누구나 갈림길 앞에 서게 된다. 하나는 핑계라는 길이고 또 하나는 방법이라는 길이다. 문제는 같지만, 태도와 사고방식에 따라 그 끝은 완전히 달라진다.

핑계를 선택한 삶은 처음에는 편할 수 있다.

조금만 힘들어도 '난 할 수 없어.'라며 편한 것만 찾아가니 그럴 수 있다. 시작할 때부터 실패를 염두에 두고 있으니 그 길로 가게 된다. 스스로 성공할 수 있다는 가능성을 차단해 버리니 시간이 지날수록 나이는 들고 좌절과 후회만 쌓인다. 무엇을 해도 안 될 것 같다는 패배감은 나중에는 내 탓이 아닌 남 탓으로 돌리기도 한다. 핑계는 자신을 점점 더 작은 공간에 가두고 스스로 가능성이라는 문을 넘지 못하게 만든다.

방법을 찾아 떠나는 삶은 절대 편하지 않다. 할 수 있는 해결책은 하루아침에 나오는 것이 아닐 뿐만 아니라 실패도 받아들여야 하기 때문이다. 실패가 실패로 끝나는 것이 아니라 그 과정에서 성장이 이루어진다. 그 성장은 두려움이 아닌 가능성으로 찾아온다. 점점 더 넓은 공간으로 나아가게 된다.

오랜만에 지인들을 만났다. 그들을 보면서 느꼈던 것은 태도와 사고방식에 따라 삶이 달라져 있더라는 것이었다. 특히 대학원에서 같이 공부했던 동기들의 삶은 아름다웠다. 석사학위가 끝난 후 끊임없이 앞으로 나아갈 방법을 찾았던 동기들은 예순이 넘은 나이에도 여전히 자신의 분야에서 성장해 가고 있었다. 그들은 여전히 할 수 있는 방법을 찾아 꾸준히 나아가고 있었다. 그것은 우리가 어떻게 살아가야 할지 결정하는 길잡이였다.

핑계는 당장 눈앞에 불편한 현실을 피할 수 있지만 딱 거기까지다. 방법을 찾으며 길을 만들어 간 사람은 그것이 디딤돌이 되어 예순이 넘은 나이에도 여전히 성장하고 있었다. 핑계는 오늘 나를 편하게 하지만 방법은 내일 나를 빛나게 하는 선물이었다.

어떤 것을 택하든 그것은 우리 삶의 흔적이다. 해보고 나서 후회하는 것보다 시도조차 하지 않은 후회가 더 오래 남는다. 방법은 찾아보면 반드시 찾아지더라.

"나는 내 나이가 너무 좋아. 더 이상 가족들 눈치 볼 것도 없으니 하고 싶은 것이 있으면 할 수 있는 방법을 찾아서 하면 되잖아. 멋진 인생 686 아자."

686인 우리 동기들은 술잔이 아닌 찻잔을 들고 우리의 60대를 환호했다. 삶은 매 순간 선택의 연속이다. 핑계에 머물 것인지, 방법을 찾아낼 것인지, 선택은 우리에게 달려 있다.

686세대, 길을 개척하다

긴 세월 동안 직장에서 쌓은 경험과 지식은 절대 사라지지 않는다. 오히려 어떤 이에게는 그동안 경력이 새로운 기회가 된다. 살아보니 시간만큼 공평한 것은 없었다. 시간을 어떻게 쓰느냐에 따라 인생은 달라진다. 누구나 자신만의 속도로, 자신이 진정으로 원하는 일을 찾아 나설 수 있다. 이는 삶에 대한 주체성이자 여전히 성장하고 있다는 자기만족이기도 하다.

나를 비롯한 686세대는 변화에 민감하다. 특히 배움과 도전에 대한 열정이 강한 세대다. 산업화와 민주화 현장에서 성장한 이들은 빠르게 변화하는 시대의 흐름에 맞춰 자신을 끊임없이 발전시켜 왔다. 경제 성장기의 근면함과 민주화 시대 도전 정신이 공존하는 이 세대는 퇴직 후에도 멈추지 않고 새로운 길을 모색하고 있다.

내 주변에는 이런 분들이 포진해 있다. 끊임없이 배우고 성장하기를 멈추지 않은 사람들. 어떤 이는 그동안 경험을 토대로 노무사로, 어떤 이는 어릴 적 꿈이었던 기타 연주자로 공연무대에 서기도 한다. 어떤 이는 사회공헌을 위해 자신이 가지고 있는 능력을 재능기부하기도 한다. 캠핑카를 끌고 전 세계를 여행 중인 사람도 있다. 도전과 열정, 사회공헌은 퇴직이 끝이 아닌 시작임을 보여준다.

다른 사람들에게 맞추기보다는 내 속도로 나만의 길을 찾아가는 여정. 공공기관에서 근무했던 어떤 이는 퇴직 후 자신이 평생 관심을 가졌던 원예치료사에 뛰어들었다. 퇴직 전에도 각종 나무와 화초에 관심이 많았던 그녀는 자신이 원하는 공부를 하고 있다. 꽃과 나무를 들여다보고 있으면 시간 가는 줄 모른다는 그녀는 이제야 인생을 제대로 사는 것 같다고 말한다.

새로운 인생을 시작한다는 것은 새로운 길 위에 서 있는 것과 같다. 이는 두려움보다는 설렘과 호기심으로 가득 찬 여정이다. 더 이상 누군가의 기대나 평가에 얽매이지 않고, 온전히 나를 위한 배움에 집중할 수 있다. 스토리 크리에이터, 블로거, 온라인 강사, 셀 수 없이 많은 이들이 퇴직 후에도 여전히 활발하게 활동하고 있다.

퇴직 후 삶은 새로운 경력을 통해 더 풍성해질 수 있다. 이는 단순히 돈을 벌기 위한 일이 아니다. 삶에 대한 의미를 찾고 내 가치를 확인하는 과정이다. 젊은 날 일은 '생계'라는 무게를 지고 있었다. 이제는 더 이상 무게로만 존재하지 않는다.

나는 퇴직 후 글쓰기를 시작했다. 직장 생활을 하는 동안에도 자잘한 현장의 이야기들을 썼지만, 어느 순간부터 더 이상 글을 쓸 수 없었다. 각종 보고서와 행정적인 기록들 외에는 문장을 잊어버린 사람처럼 글을 손에서 놓아버렸다. '퇴직 후에는 전업 작가로 살아가리라.' 그 마음 하나로 힘겨운 시간을 이겨낸 적도 있었다. 지금은 삶이 글이 되는 시간을 살고 있다. 과거 속 기억, 일상 속 작은 생각들을 글로 옮기면서 나는 조금씩 나 자신과 가까워졌다. 글을 통해 내가 진정으로 좋아하는 것, 나를 힘들게 했던 것, 나를 웃게 했던 순간들을 발견할 수 있었다.

글쓰기는 기억을 되새기는 작업이었다. 우리는 살아오면서 수많은 사람과 만나고, 다양한 경험을 한다. 그중에는 소중한 순간도 있고, 때로는 아프고 힘들었던 기억도 있다. 글을 쓰면서 이 기억을 다시 꺼내 바라보면, 나를 객관적으로 바라보는 힘이 생긴다.

글을 쓴다고 해서 거창한 이야기를 해야 하는 것은 아니다. 오히려 평범한 일상의 기록이 더 큰 의미가 된다. 하루 동안 느낀 감정, 길을 걷다 본 풍경, 누군가와 나눈 짧은 대화 속에도 나만의 이야기가 있다.

앤 라모트는 "작은 순간을 기록하는 것은 결국 나를 기억하는 것이다."라고 했다. 글쓰기는 나만의 목소리를 찾는 여정이다. 글을 쓰면서 가장 중요한 것은 '나만의 빛깔'을 찾는 것이다. 우리는 종종 다른 사람의 시선이나 평가에 얽매이기 쉽다. 글쓰기는 그런 틀에서 벗어나 나만의 생각과 감정을 자유롭게 표현할 수 있는 공간을 제공한다.

시간이 지나면서 나만의 스타일이 만들어졌다. 솔직한 감정을 담은 글이 더 큰 울림을 주었다. 글은 잘 쓰는 것도 중요하지만, 진심을 담는 것은 더 중요하다. 글을 쓰는 행위는 나를 성장시키는 과정이다. 글을 쓸수록 사고의 폭이 넓어진다. 세상을 바라보는 시각도 달라진다. 작은 사건 하나도 깊이 있게 성찰할 힘이 생긴다. 글쓰기는 나의 감정을 정리하고, 더 나은 방향으로 나아갈 수 있는 지혜를 준다.

우리는 모두 각자 이야기를 가진 존재다. 그 이야기를 글로 남긴다는 것은 내 삶을 더 깊이 이해하고, 나 자신에게 귀 기울이는 과정이다. 글을 통해 나는 내가 걸어온 길을 돌아보고, 앞으로 나아갈 길을 그린다.

조앤 디디온은 "글을 쓴다는 것은 단순한 기록이 아니다. 그것은 지나온 삶을 이해하고, 미래를 준비하는 가장 확실한 방법이다."라고 했다. 글쓰기는 내 인생을 풍요롭게 해주는 선물이다. 이제 나는 매일 글을 쓰며 나를 발견하는 여정을 이어가고 있다. 때로는 힘들고, 때로는 기쁜 순간들이 글 속에 녹아든다. 그로 인해 나만의 작은 역사가 만들어진다. 글쓰기는 끝없는 나와 대화이자, 인생을 기록하는 가장 아름다운 방법이다. 내 60대는 이렇게 글이 나에게로 왔다.

386에서 686으로, 우리는 변화를 이끈다

한때 386세대였던 이들이 어느덧 686세대가 되었다. 80년대 민주화 운동을 이끌었던 이들은 이제 경제와 사회의 중추를 넘어 은퇴 후 새로운 삶을 개척하는 위치에 있다. 386세대와 686세대는 같은 사람들이지만 전혀 다른 삶을 살고 있다. 30여 년이 흐르는 동안 시대가 바뀌었고, 그들의 가치관과 행동 방식도 달라졌다.

386세대가 처음 사회에 나왔을 때만 해도 컴퓨터는 일부 전문가의 전유물이었다. 인터넷도 보편화되지 않았다. 686세대가 된 지금, 그들은 스마트폰과 SNS를 능숙하게 활용한다. 그 누구보다 디지털 시대를 적극적으로 받아들이고 있다.

"배우기를 멈춘 순간 늙기 시작한다."라는 말을 체득한 이들은 온

라인 강의를 듣는다. 유튜브를 통해 새로운 기술을 익힌다. 심지어 개인 브랜드를 구축하기 위해 블로그나 유튜브 채널을 운영하기도 한다. 과거와 달리 새로운 기술을 거부하지 않고 배우고 활용하는 데 집중한다. 이것이 이전 노후 세대와 가장 큰 차이점이다.

686이 된 이들은 정년퇴직 후에도 새로운 직업을 찾으며 제2의 경제 활동을 이어가고 있다.

다양한 방법으로 경제적 독립을 꿈꾸는 이들은 단순히 연금에 의존하는 삶을 거부한다. "자신의 경제적 가치를 스스로 창출해야 한다."라는 생각이 뚜렷하다. 과거보다 더 적극적으로 재테크와 창업에 뛰어드는 모습이 두드러진다.

젊은 시절 노동과 생계에 집중했던 386세대는 686세대가 되면서 건강과 웰빙을 중요한 가치로 삼는다. 이는 단순히 수명을 연장하기 위한 것이 아니다. 은퇴 후에도 활력 있는 삶을 지속하기 위한 선택이다. "건강해야 진짜 자유를 누릴 수 있다."라는 인식이 강해지면서 자기 관리에 투자하는 사람들이 늘어나고 있다.

686세대는 단순한 소비자가 아니라 사회에 이바지하는 삶을 중요하게 생각한다.

은퇴 후에도 봉사 단체를 조직해 지역사회에 이바지하는 사례가 많아지고 있다. 단순히 개인의 성공을 넘어, 사회 전체에 긍정적인 영향을 주는 삶을 지향하는 것이 686세대의 특징 중 하나다.

이들은 단순히 노후를 보내는 것이 아니라 새로운 세상을 만들고 있다. 기술을 익히고, 경제적 독립을 꿈꾼다. 건강을 챙기고, 세대 간 소통을 강화한다. 사회에 이바지하는 삶을 살아간다. 그들은 더 이상 과거의 영광에 머무르지 않는다. 새로운 시대의 흐름 속에서 주체적으로 삶을 개척한다. 여전히 세상을 변화시키는 세대로 남고 있다.

386세대였던 이들은 이제 686세대로 거듭났다. 단순한 노년을 거부하고, 자신을 '신중년'이라 부른다. 그들만의 새로운 흐름을 만들어 가고 있다. 자신들만의 독창적인 문화와 경제 활동을 구축하는 이들 모습은 기존 세대가 은퇴 후에 보여준 삶과는 확연히 다르다.

과거 세대에게 은퇴는 삶의 마무리를 의미했다. 686세대는 다르다. 이들에게 은퇴는 끝이 아니라 새로운 시작이다. 대학에 다시 입학해 새로운 학문을 배우고, 창업에 도전한다. 인플루언서가 되기도 한다. 유튜브, 블로그, SNS를 활용해 자신의 전문성을 공유하는 60대가 점점 늘어나는 것이 그 증거다. 실제로 60대 이상의 인플루언서들은 젊은 세대와는 다른 깊이 있는 콘텐츠로 많은 사람에게 영향력을 미치고 있다.

젊은 시절 사회와 가정을 위해 헌신했던 686세대는 이제 자기 자신을 위해 투자하기 시작했다.

이들은 단순한 생존이 아니라, '어떻게 하면 더 나은 삶을 살 수 있을까?'를 고민하며 지속 가능한 웰빙을 실천한다. 이에 맞춰 신중년 시장을 겨냥한 산업이 주요 추세로 자리 잡았다.

686세대는 더 이상 과거의 방식대로 살아가지 않는다. '노년'이라는 개념을 재정의하며, 적극적인 삶을 개척해 나가고 있다. 그들은 새로운 지식을 배우고, 시도한다. 건강한 삶을 설계하고, 젊은 세대와 협력하며 의미 있는 변화를 만들어 가고 있다.

이제 신중년의 시대가 왔다. 그들은 단순히 은퇴한 세대가 아니다. 새로운 문화를 만들어 가고, 경제적 가치를 창출한다. 사회에 이바지하는 역동적인 존재다. 60년대생이 열어가는 세상. 그들은 여전히 세상을 변화시키는 주역이다.

60년생이 온다, 이제 우리 차례다

1960년에 태어난 우리는 대한민국의 심장을 뛰게 한 세대다. 산업화의 물결을 타고, 민주화의 함성을 외쳤으며, 정보화 시대의 문을 연 주인공들이다. 우리는 단순한 시대의 목격자가 아니다. 변화를 이끌고, 시대의 중심에서 역사를 쓴 사람들이다. 지금, 우리는 다시 무대 위로 걸어 나온다. 단 한 가지를 말하기 위해.

"60년생이 온다. 우리는 여전히 앞으로 나아간다."

우리는 이미 한 번 세상을 뒤흔든 경험이 있다. 가난의 그림자를 딛고 경제 성장의 기적을 일궈냈다. 민주주의를 외치던 광장의 불꽃이기도 했다. 라디오에서 스마트폰으로, 흑백 텔레비전에서 4차 산업 혁명까지, 우리는 세상 그 자체의 변화였다. 그 변화의 중심에 우리가 있었다.

지금, 이 순간에도 우리는 '과거의 영광'에 머무르지 않는다. 우리는 여전히 갈 길이 많기 때문이다. 퇴직, 은퇴, 그런 단어는 우리 사전에는 없다. 우리는 다시 배운다. 다시 꿈꾼다. 다시 시작한다.

노자는 말했다. "가장 멀리 가는 길도 한 걸음에서 시작된다."라고.

길은 단순한 발자국이 지나간 흔적이 아니다. 그것은 우리가 아직 걷지 않은, 탐험과 도전의 길이다. 젊음은 나이로 결정되지 않는다. 새로운 것을 향한 갈망, 그것이 진짜 젊음이다.

배움에는 기한이 없다. 60년생이라는 타이틀이 우리를 멈추게 하지 않는다. 오히려 그것은 우리의 또 다른 배움이자, 도전 정신의 상징이다.

한 친구는 퇴직하자마자 처음으로 프로그래밍을 배우기 시작했다. "그 나이에 코딩을 한다고?" 주변의 놀라움에 그는 웃으며 대답했다. "나는 새로운 언어를 배우는 중이야. 이게 바로 나를 계속 살아있게 만드는 힘이지." 우리는 끊임없이 배우고, 더 나은 나로 진화한다.

우리는 다음 세대를 위한 다리다. 단순한 조언이 아닌, 삶으로 보여주는 사례. 우리가 걸어온 길은 젊은 세대에게 영감을 주고, 그들의 열정은 우리에게 새로운 에너지가 된다. 후배가 나에게 말했다. "선배님의 삶은 책으로 배우는 역사보다 더 진짜 같아요." 그렇다. 우리는 살아있는 역사이며, 여전히 현재를 만들어 가는 존재다.

"희망은 앞을 바라보는 것이다. 과거가 아닌 미래를 향해 걸어가는 것이다."라고 데스몬드 투투는 말했다.

60년생이 온다. 조용히, 겸손하게. 아니다. 우리는 당당하게, 뜨겁게, 세상을 다시 흔들 준비가 되어 있다. 과거의 영광에 기대지 않고, 새로운 꿈으로 무장한 채 앞으로 나아간다.

우리는 퇴장하는 세대가 아니다. 인생 2막, 개막을 알리는 세대다. 아직 끝나지 않았다. 아니, 이제 시작이다.

우리는 이렇게 외친다.

"60년생이 온다. 더 크고, 더 강하게. 우리는 앞으로 나아간다."

이제, 우리의 세 번째 스무 살이 시작된다.

5장

세 번째 스무 살
제대로 미쳐라

사람은 늙는 것이 아니라 익어가는 것이다

_ 빅터 위고

내 시간, 이제 내가 주인

"성격상 절대로 집에서 못 노실 거 같아요."

퇴직 전, 가장 많이 들었던 말 중 하나다.

"처음에는 좋을지 몰라도 시간이 지날수록 심심하대요."

"아직 집에 있기에는 젊어요. 일을 하셔야죠."

퇴직 후, 들었던 말 중 대표적인 것들이다.

직장 생활을 하는 동안 내 모습을 기억하는 사람들은 한결같이 퇴직하면 집에 못 있을 거라 했다.

"종일 하기 힘들면 반나절이라도 나와서 일을 좀 도와주세요."

"강의라도 좀 해줄 수 없으세요?"라는 제의를 받기도 했다.

내 대답은 모두 다 "아니요."였다.

돈이 넉넉해서? 절대 아니다. 30년 가까이 직장 생활을 한 것만으로도 충분하다. 산전, 수전, 공중전까지 겪어야만 정년퇴직을 할 수 있다고 하지 않은가? 아무리 행복하고 만족스러운 직장 생활을 했다고 할지라도 조직 안에 있으면 하기 싫은 일도 할 수밖에 없는 상황들이 부지기수다.

"일하기 싫은 이유가 뭐예요?"라고 물으면 내 대답은 한결같다.

"이제는 하고 싶은 것만 하면서 내 인생을 살고 싶어서요."라고.

100세 인생이니 적어도 앞으로 40년을 살아야 하는데 일할 수 있을 때 일을 해야 하는 거 아니냐고 한다. 100세까지 사는 동안 다리가 성성해 마음대로 움직일 수 있는 날들이 얼마나 될까? 가고 싶은 곳을 내 손으로 운전해서 갈 수 있는 세월이 과연 몇 년이나 될까?

"경제적으로 넉넉하니까 그러죠."라고 하기도 한다.

과연 그런가? 어떤 사람은 넉넉하다고 볼 수도 있고 그러지 않을 수도 있으니 남의 시선이 아닌 내 시각에서 보면 넉넉하진 않지만 살만하다. 돈이 많아서? 전혀 아니다. 내가 쓸 만큼 있다는 거다.

은퇴 후 최소 생활비, 적정 생활비, 실제 마련 가능 금액을 조목조목 정리해 놓은 글들도 보았다. 최소 생활비는 월 215만 원, 적정 생활비는 369만 원, 실제 마련 가능 금액은 월 212만 원이라고. 무슨 근거로 이렇게 나왔는지 모르겠지만 국민연금연구원에서는 준고령자 매달 적정 노후 생활비로 부부 기준 평균 268만 원, 개인 기준 평균 165만 원이라고 발표한 것도 보았다. 이건 그냥 수치일 뿐이다. 많이 쓴 사람은 부족할 것이고 적게 쓴 사람은 이것도 넉넉하다. 쓰기 나름이다. 퇴직 후 8개월이 지났다. 써 보니 내 기준에서는 돈이 그다지 많이 들지 않더라. 나는 그렇다는 거다. 아이들이 장성해서 각기 제 밥벌이를 하고 있으니, 부부만 살면 된다. 수요일 해금, 목요일 캘리그래피, 금요일 영어 회화. 일주일에 세 번씩 배우는 취미생활도 돈이 많이 들지 않는다.

국악원은 석 달에 5만 원, 문화원은 처음만 석 달에 6만 원이고 그 외 달에는 한 달에 1만 원이다. 퇴직 후 주위를 살펴보니 저렴하게 혹은 무료로 배울 수 있는 강좌들이 널려 있었다.

의지만 있으면 비싼 돈 들이지 않아도 얼마든지 풍족한 취미생활을 즐길 수 있는 시스템들이 갖춰져 있다. 문화센터, 행정복지센터, 도서관, 국악원, 문화원 등등.

내 시간의 주인이 되어, 단 한 순간도 심심할 틈이 없다. 하루 24시간이 씽씽 돌아간다. 해금, 캘리그래피, 영어 회화, 그 시간 외에는 독서와 글쓰기, 산책, 틈틈이 공연 연습. 삼시세끼 나를 위한 밥을 짓는 것만으로도 하루가 금방 간다. 좋아서 하는 것들이니 할 때마다 즐겁다. 못해도 진도가 안 나가도 서두를 필요도 없다.

〰

여기 오기까지 60년이 걸렸다.

학생 때는 하기 싫은 공부 하느라, 직장 생활을 하는 동안에는 얽히고설킨 실타래 속에 있느라, 그 모든 걸 벗어나 온전히 내 시간을 살 수 있는 날들이 왔는데 굳이 얽매여 살고 싶지는 않다.

〰

"지금까지 살아오는 동안 언제가 가장 행복하세요?"라고, 물으면, 단 1초도 망설임 없이 "지금, 이 순간이요."라고 답을 한다.

〰

내 시간에 주인이 되어 하고 싶은 것들을 하면서 살 수 있는 지금, 이 순간이 나에게는 최고로 빛나는 날들이다. 떠나고 싶으면 시간에 구애받지 않고 떠날 수 있고, 산속 의자에 드러누워 하늘을 바라볼 수 있으며, 글이 쓰고 싶으면 쓰고, 해금을 연주하고 싶으면 연주하고, 그림을 그리고 싶으면 그리면서 유유자적 살아가는. 이 시간을 온전히 내 것으로 즐길 수 있는 인생의 시작 세 번째 스무 살, 매 순간 찬란하다.

어제보다 오늘, 오늘보다 내일

"언니, 해금 공연 일정이 잡혔어요."

"엥, 무슨 공연? 우리도 해야 해?"

한 달 넘게 결석했는데, 공연이라니. 유럽 여행과 불가피한 사정으로 한 달 보름간 해금 수업을 들으러 갈 수 없었다.

올 3월 해금 수업을 같이 시작한 수강생은 총 6명이었다. 지금까지 남은 사람은 3명이다.

해금이 나에게로 오던 날, 2007년 가을 와온해변. 정확한 날짜는 잊어버렸지만, 그날의 기억은 지금도 어제 일처럼 생생하다.

갯벌에 펼쳐진 저녁노을이 낮과 밤의 경계에서 장엄한 교대식을 하고 있었다. 그건 황홀한 아름다움이었다. 불타는 붉은빛, 주황과 노랑이 섞인 찬란한 황금빛, 옅은 분홍빛, 은은한 보랏빛, 파스텔 빛이 서쪽 하늘에서 시시각각 장엄한 파노라마를 만들고 있었다. 석양은 이승과 저승의 경계마저도 사라져 버린, 삶의 마지막을 아낌없이 태우려는 처절한 몸부림이었다.

와온해변 저녁노을에 취해 꿈인지 생시인지 그것조차도 애매하게 느껴질 즈음, 흐느끼듯 애절하면서도 아련한 악기 소리가 들렸다. 스러져 가는 저녁노을과 절묘하게 조화를 이룬 음은 신비로웠다. 그날 만난 음악은 정수년이 연주한 해금 곡 '그 저녁 무렵부터 새벽이 오기까지'였다. 반드시 해금을 배워서 꼭 '이 곡을 연주할 거야.'라고 결심하며 바로 다음 날 해금을 배울 수 있는 곳을 찾았다. 가르쳐 주는 곳이 많지 않았다. 겨우 찾아서 한 달 정도 다녔는데 그곳이 문을 닫았다.

해금은 정확한 음을 내려면 수개월이 걸린다. 그 시간 동안 연습을 거듭해야 겨우 음이 나올까 말까 한데, 한 달 배운 내 해금 소리는 삑, 삐이익, 말 그대로 소음일 뿐이었다. 그래도 포기할 수 없어 한 달이나마 배운 것을 토대로 시간이 날 때마다 연습했으나 좀처럼 실력이 늘지 않았다. 그도 그럴 것이, 모든 실력은 연습과 비례한다고 주중에는 일에 치여서, 주말에는 밀린 집안일에 치여서 시간 내기가 쉽지 않았다.

그렇게 몇 년이 흘렀다. 이대로는 안 되겠다 싶어 악기점에 가서 주말에 개인 지도를 해줄 만한 사람을 소개받았다. 토요일 오전에 1시간씩 개인 지도를 받기로 했다. 그 기간도 오래가지 못했다. 주말에는 주중에 하지 못했던 집안일과 가족 행사들이 줄줄이 이어졌다. 결국 개인 지도는 한 달 만에 끝이 났다.

해금은 거실 한 귀퉁이를 차지하고 있었다. 잊어버릴 만하면 '고향의 봄', '섬집아기', '에델바이스'를 비롯해 연습하기 쉬운 곡들만 연주했다. 그렇게라도 내 곁에 있었던 해금은 지방 발령이 나면서 멀어졌다. 그동안 기타, 우쿨렐레, 미니 하프, 칼림바의 문을 두드리는 악기 유목민이 되어 있었다. 하지만 이내 싫증이 났다. 우연히 해금 연주곡을 듣게 되면 심장이 쿵쾅거렸다. '퇴직하면 꼭 해금을 제대로 배워보리라.' 그건 염원이었다.

퇴직 후 국악 전수관에 등록했다. 몇 년 동안 거실 귀퉁이에 있던 해금은 세월의 흔적이 고스란히 남아 있었다. 악기 가방은 군데군데 낡아서 헤어졌다. 조율한다고 하는데도 음이 흔들렸다.

국악원에 있는 새 해금과 수강생들의 악기 소리는 어찌나 청아한지. '내 해금 소리가 삑삑거리는 건 해금이 오래돼서 그래.'라며 모든 걸 해금 탓으로 돌렸다.

"해금을 바꿔야겠어."라고 하자 나를 언니라 부르는 동기는 "전공을 할 것도 아니고 취미로 할 거면서 굳이 또 새로 살 필요가 있어요? 일단 수리해서 해보고 정 안 되면 사요."라고 했다. 강사에게 부탁해서 수리를 맡겼다.

"만약에 수리하는 것보다 새로 사는 게 더 낫겠다 싶으면 살게요."라는 말을 덧붙였다.

일주일이 지난 후 나에게 다시 온 해금은 그전에는 들어보지 못한 청아한 소리가 났다.

"악기장님이 어지간해서 소리가 좋다는 말을 잘 안 하시는데 두 번이나 좋다고 하셨어요."라며 원산만 바꿨다고 했다. 음을 맞추고 강사가 연주하는데 '세상에, 저게 내 악기가 맞아?' 내가 연주할 때는 한 번도 들어보지 못한 소리가 들렸다.

뭐든지 거저 얻어지는 것은 없는데 연습을 게을리해 놓고 소리가 나지 않으니 악기 탓을 한 거다. 공연한다는 말을 처음 들었을 때는 잠깐 망설였다. '내가 잘할 수 있을까?' 이내 생각을 고쳐먹었다. 그동안 멋지게 연주했으면 좋겠다는 생각만 했지, 연습도 노력도 제대로 하지 않고는 악기 탓만 했던 어리석음을 되풀이하고 싶지 않았다.

'무조건 하자, 공연을 준비하려면 연습할 수밖에 없으니, 이제부터라도 제대로 해보자.'라며 마음을 먹으니, 용기가 생겼다.

"어려워서 못 하겠어요."

"아직은 실력이 안 돼요."라며 포기를 한 사람 빼고, 초급반에서는 무조건 하자를 외치는 2명만 무대에 서기로 했다.

이제 공연 일정은 정해졌고 후퇴는 없다. 오직 전진만 있을 뿐이다. 같이 공연하는 다른 사람들에게 누가 되지 않기 위해서는 잘할 때까지 연습에 연습, 피나는 노력을 하는 수밖에 없다.

그동안 '악기가 오래돼서, 해금 자체가 줄이 둘이라 음을 내기가 쉽지 않아서 너무 어려워요.'

이건 다 핑계다.

노력도 하지 않았으면서 잘하기를 바랐으니, 이보다 더 고약한 심보가 어디 있는가? 어렵고 힘들어서 못 하는 건 없다. 단지 안 했을 뿐. 어떤 것도 노력 없이 얻어지는 건 세상에 하나도 없다. 피와 땀을 흘린 노력은 그 어떤 상황에서도 배신하지 않는다. 하기 싫은 것을 할 때도 최선을 다하면서 살았는데, 좋아하는 것을 하고 있으니, 이보다 더 신바람 나는 것이 어디 있으랴. 어제보다 오늘, 오늘보다 내일 더 나아지면 된다.

아픔에도 시간을 선물하자

"팔이 그렇게 아픈 데 다 나으면 써요."

"왼팔만 다친 게 아니라 오른손도 상처투성이잖아요."

주차장 턱에 걸려 넘어진 왼팔은 다행히 뼈가 부러진 건 아니었다. 인대가 늘어나 반깁스를 한 왼팔은 다친 지 며칠이 지났지만, 여전히 퉁퉁 부어 있다. 시멘트 바닥에 찧은 턱은 시퍼렇게 멍이 들었고 오른손등은 상처를 감싼 반창고가 덕지덕지 붙어 있다.

왼팔은 있지만 제대로 쓸 수가 없고 오른손도 상처투성이니 자유롭게 사용할 수 있는 상태는 아니었다. 그런 상태에서 오른손 집게손가락으로 독수리타법의 정수를 보여주고 있으니 다 나으면 하라는 거다. 손이 아프면 음성을 활용해 글을 쓰면 된다고 해서 몇 번 시도했다. 해 봤더니 나하고는 맞지 않았다.

글이라는 게 손가락으로 모음과 자음을 조화롭게 연주하는 맛이 있어야 하는 데 입으로 쓴 글에서는 손가락 맛이 나질 않았다. 팔에 통증이 심할 때 몇 번 시도하다 '글은 손끝에서 나와야 제맛이야.'만 더 깨닫게 되었다. 펜 끝에서 나오는 글맛, 하다못해 손가락 끝에서 나오는 조화가 심장과 머리를 거쳐 손끝으로 이어져야 하는데, 머리에서 입으로 바로 나와버린 글에서는 리듬이 없었다. 덕분에 오른손 검지가 생애 최고 맹활약을 하고 있다. 상처에 반창고를 붙이고 무림의 고수처럼 자판기를 휘젓고 다닌다.

'이런, 이런.' 검지 이야기가 주가 아닌데 잠시 옆길로 샜다. 나을 때까지 손을 덜 써야 하니 글쓰기를 잠시 쉬면 안 되냐는 거였다. 통증이 심할 때는 '그럴까?' 하는 생각을 하기도 했다. 이내 마음을 고쳐먹었다.

7월 말부터 8월까지 한 달가량 유럽 여행을 다니는 동안 글쓰기를 멈췄다. 머릿속으로는 하루에도 몇 편씩 글을 썼지만, 손끝에서 글이 나오지 않았다. 글쓰기를 다시 시작하기까지 시간이 걸렸다. 그 시간 동안 내 마음은 무너지고 있었다. 시시때때로 동굴 속을 탐험하는 육십 앓이가 둥지를 틀었다.

윌리엄 제임스는 '우리는 행복하기 때문에 웃는 것이 아니고 웃기 때문에 행복하다.'라고 했다. 그동안 나는 힘들어도 웃으며 살았다. 그것은 또 다른 가면이었다. 아프면 아픔이 치유될 시간을 충분히 줘야 했다. '긍정적이어야 돼, 긍정의 힘을 믿어.'라며 긍정의 힘만 끌어올리려고만 했다. 그러다 보니, 들여다봐야 할 돌봐야 할 아픔은 저 밑으로 숨어버렸다. 그것이 직장 생활을 하는 동안에는 실체를 드러내지 않고 있다 퇴직 후 육십이 되어서야 육십 앓이로 나타났다.

동굴 속에 우물을 판 채 웅크리고 있는 나를 다독이며 어루만지는 시간은 더할 나위 없는 위로의 시간이었다. 육십 평생 살아오느라 애썼다. 스스로 쓰다듬고 보듬어 주는 시간을 보내고 나니 내 육십 앓이가 제대로 보였다.

아픔에도 시간을 주자.

몸이 아프든,

마음이 아프든.

그것이 어떤 것이 되었든 회복할 수 있는 충분한 시간을 주어야 한다. 그걸 무시한 채 우리는 부정적인 것은 버리고 긍정적으로 되라고만 한다. 그 부정과 힘듦을 딛고 일어나야, 긍정의 꽃이 피어나는 것을.

힘든 일이 생기거나 좋지 않은 일이 생기면 다 잊어버리고, '좋은 것만 생각해.'라고. 나도 그랬다. 지금은 무조건 긍정적으로 생각하라고 하진 않는다. 그 부정적인 것과 힘듦의 원인을 정확히 파악하여 원인 치료를 먼저 한 후, 그때부터 받아들일 건 받아들이고 긍정적으로 나아갈 것은 나아가자고 한다.

이건 내가 나에게 하는 위로이자 치유다. 그러다 보니 양손이 다 쳤음에도 덜 다친 오른손 검지를 활용해 글쓰기를 놓지 않게 된 거다. 마음이 동굴 안에 갇혀 있으면 그다음은 몸이 반응한다. 이곳저곳에서 아프다는 신호를 보내고 심지어 자주 넘어지기도 한다. 조심해야지. 아무리 되뇌어도 넘어지는 것도, 다치는 것도 순간이다.

노화가 급격하게 진행되는 나이가 44세와 60세라는 연구 결과가 있다. 40대 중반과 60대 초반에 가장 큰 변화가 일어난다고 한다. 스탠퍼드대학교 연구진은 '에이처 에이징' 저널에 게재한 논문에서 노화가 균일한 과정이 아닌 '나이 관련 파동'처럼 진행된다고 밝혔다.

이 기사를 읽으면서 '그래, 맞아.' 고개를 끄덕였다.

내 육십 앓이가 자연스러운 현상이든, 아니든 그건 중요치 않다.

이제부터는 그것이 무엇이 되었든 그것을 치유할 충분한 시간을 선물하자. 그래야 긍정의 꽃이 훨씬 더 탐스럽게 피어날 테니.

명랑한 청춘의 발랄한 영어 공부

"오늘은 책거리한다고 했제."

"옥수수 사 왔어."

"아니, 옥수수를 살라고 했는디 안 나왔더라고, 그래서 옛날 과자랑 호박엿 사탕 사 왔어."

미카 할머니가 가방에서 주섬주섬 봉지를 꺼낸다. 끊임없이 나온다. 종이컵, 요구르트, 호박엿, 옛날 과자 1, 2, 3. 가방 안에 이렇게 많은 것들이 들어 있었다는 것이 신기할 정도로 흡사, 마술상자 같다.

"많이도 사 왔네."

수업 시작 20분 전. 강의실에는 벌써 수강생 5명이 와 있다.

내가 다니는 '영화로 배우는 영어회화반' 수강생 고정 회원은 총 8명이다. 10명에서 2명이 빠졌다. 연령대는 80대 초반 1명, 77세

1명, 60대 4명, 50대 후반 2명이다.

　수업은 매주 금요일 오후 1시부터 시작하지만, 학생들은 한두 명을 제외하고 20분 전부터 지정석에 앉아 있다. 누가 정해준 것도 아니지만 한번 앉았던 자리는 그 누구도 침범하지 않는다. 수강생이 많지 않아 2인용 책상에 다들 혼자 앉아서 수업을 듣는다. 듣는다기보다는 참여한다. 수업 시간 내내 웃다 보면 두 시간이 훌쩍 지나간다.

　나는 앞에서 두 번째 자리다. 처음에는 후배랑 나란히 앉았다. 후배가 직장 때문에 다닐 수 없게 되자 그 자리는 내 지정석이 되었다. 내 뒤에 77세 미카, 맨 뒤는 82세 마르타 자리다. 영어 수업 시간에는 무조건 영어 이름을 써야 한다.

　첫날 오자마자, 내 이름은 소피아가 되었다. 첫 시간에 바로 무장해제가 되어버렸다. 마치 오래전부터 알고 있었던 사람처럼, 나는 그들 속에 스며들었다. 강사도 수강생도 모두 자연스럽다. 수업은 물 흘러가듯 흘러간다. 나를 제외하고 나머지는 오랫동안 다닌 기존 회원이다. 원년 회원도 있다. 나이를 생각하고 영어를 못할 거로 생각하면 큰 오산이다. 꾸준히 영어 회화를 했던 사람들이라 다들 수준급이다. 특히 77세와 82세 두 분의 영어 실력은 거의 원어

민이다. 농담도 영어로 한다. 얼마나 유쾌한 지 두 분이 주고받는 대화를 듣고 있으면 저절로 웃음이 나온다. 웃다 보면 나중에는 입이 아플 지경이다. 웃고 떠드는 것을 보면 영락없는 소녀들이다. 나이를 몰랐을 때는 내 또래인 줄 알았다. 나이를 듣고 어찌나 놀랐던지. 외모는 물론이거니와 유머와 위트, 발랄한 모습이 명랑한 청춘들이다. 한두 마디 영어를 내뱉을 때마다 뒤따라오는 웃음이 통통 튄다. 강사가 먼저 시범을 보이면 서로 고개를 끄덕이며 따라 한다. 10대 학생들처럼 풋풋하고 기운이 넘친다.

"누가 한번 해보실래요?"라고 강사가 말하면

"제가 할게요."가 아니라 "저기 썬이요."라며 다른 사람을 가리킨다. 그러면 지명을 받은 사람은 빼거나 안 하려고 하기보다는 기다렸다는 듯이 "내가 해야지."라며 유창하게 영어를 한다.

내가 가장 많이 하는 것은 수업 시간 내내 웃는 거다. 이리 뛰고 저리 뛰는 상상 초월 발랄함에 나까지 단풍잎처럼 물든다.

그들에게 영어 공부는 단순히 언어를 배우는 게 아니다. '할 수 있는 일'이 하나 더 생겼다는 자신감이기도 하다. 그러기 때문에 강사도 수강생도 자유롭다. 수업은 그날 진도대로 하되, 굳이 틀에 얽매이지 않는다. 수업 내용 중에 조금이라도 연관된 뉴스거리가 있으면 바로 옆길로 샌다. 이를테면 이런 식이다.

뜬금없이 "오메 배우 ○○○가 죽어버렸드만."

"그래, 그래, 너무 아까워. 나보다 어린디."

"그래도 나는 부럽드만, 병원이나 요양병원에 오래 안 있었쓴 게. 나도 그랬으면 좋겠어."

"50분 해 쓴 게 인제 브레이크 타임 해야제."

"얼른 와, 와서 사탕도 먹고, 요 옛날 과자도 먹어봐." 이런 식이다. 이것이 진도에 지장을 주거나 수업의 흐름을 방해하지도 않는다. 자연스럽게 흘러간다. 심각할 필요도 없고, 꼭 해야만 된다고 매달리지도 않는다. 잘하는 사람도 서투른 사람도 서로의 모습을 보며 그저 응원한다.

때로는 억양도, 발음도 엉망이지만, 그보다 더 중요한 게 있다. 완벽하지 않아도 된다는 것. 삶의 많은 부분에서 완벽함을 추구해야 했던 과거를 건너온 사람들만이 가질 수 있는 여유가 느껴진다. 그들에게 이 시간은 그저 배우고 느끼는 그 자체가 기쁨이 된다.

60대, 70대, 80대가 되어서도 여전히 세상에 대한 호기심으로 가득한 젊은 청춘. 그들에게 영어는 그저 언어가 아니라, 또 다른 문을 열고 세상과 연결되는 통로이다.

미카도, 마르타도 전직 교사다. 과거에 그들은 더 이상 배울 일이 없으리라 생각했을지도 모른다. 지금 이 순간, 그들은 새로운 언어를 배우며 또 한 번의 청춘을 살고 있다. 이들에게 영어는 노년을 채우는 취미를 넘어, 삶을 향한 새로운 다짐이자 자유다. 할 수 있다는 자신을 위한 또 다른 기회, 그건 에너지이기도 하다. 명랑한 청춘의 발랄한 영어 수업, 나는 그 시간을 기다린다.

작은 일에도 정성을 다하면 변하게 된다

작은 일에도 최선을 다하면 정성스럽게 된다. 정성스럽게 되면 겉에 배어 나오고, 배어 나오면 겉으로 드러나고, 겉으로 드러나면 이내 밝아지고, 밝아지면 남을 감동시키고, 남을 감동시키면 이내 변하게 되고, 변하면 생육 된다. 그러니 세상에 오직 지극히 정성을 다하는 사람만이 나와 세상을 변하게 하는 것이다.

영화 '역린'에 나온 대사다.

주말 내내 이 대사가 머릿속에서 맴돌았다. 대청소하는 중에도 음식을 만드는 중에도 꽃구경을 하면서도 이 대사를 생각하고 있었다. 곱씹으면 곱씹을수록 그 대사 안에는 인생의 진리가 들어 있었다. 육십 평생 살아오면서 '나는 어떻게 살아왔는가? 앞으로는 어떻게 살아갈 것인가?'에 대한 과거와 현재, 미래에 대한 답이 이 안에 있었다.

중용 23장을 현대적인 시각으로 풀이해서 현빈의 대사로 나온 이 구절은 나에게는 몇 날 며칠을 푹 고아서 만든 사골국물이었다. "작은 일에도 최선을 다해야 한다. 그래야 내가 변하고 세상을 변하게 한다."라는 이 말 속에는 따뜻한 위로와 격려가 들어 있었다. 인생의 작은 순간들이 모여 큰 의미를 이루듯 매 순간 마음을 다해 살아가는 것이야말로 삶의 진정한 아름다움이라는 것을 깨우쳐 주고 있었다.

가족들과 함께 가을 꽃구경을 간 그곳에서도 나는 이 구절을 되새기고 있었다. 중의공원 산자락을 온통 노랗고 빨갛게 수놓은 백일홍과 코스모스에도 현빈의 대사가 들어 있었다. 가을 짧은 한때, 금세 사라질 찰나의 순간일지라도 백일홍과 노란 코스모스는 잎사귀 하나, 꽃 한 송이에도 자신의 역할을 다하며 찬란한 아름다움으로 피어나고 있었다.

그 아름다움은 결과가 아니라 인고의 세월과 작은 일에도 최선을 다한 그 과정이 있었기 때문에 가능한 것이었다. 꽃으로 피어날 순간을 위해 한여름 뙤약볕을 견디며 성실히 살아낸 그 시간이 있었기에 가장 아름다운 모습으로 우리 곁에 올 수 있었다.

이처럼 우리 인생도 크고 화려한 순간들만으로 이루어지는 것이 아니다. 사소한 하루하루가 쌓여 우리를 만들어 간다.

중용 23장은 인생을 살아가며 느끼는 불안과 의문에 대한 따스한 해답일지도 몰랐다. "내가 지금 이 길을 잘 가고 있는 것일까?", "이 작은 노력이 무슨 의미가 있을까?"라는 생각이 들 때마다, 이 구절을 떠올리면 마음이 한결 가벼워진다. 지금은 당장 큰 의미가 없어 보일지라도, 작은 정성과 진심이 쌓여서 결국 내 삶을 하나의 온전한 이야기로 완성해 줄 것이라는 믿음이 생기니 말이다.

직장 생활을 할 때, 나이가 지긋하신 분들이 찾아오면 그들에게 공통으로 던졌던 질문이 있었다. "인생을 살아오면서 가장 후회되는 것이 있다면 어떤 것이 있으세요?"라는.

그들에게 들었던 답변 중 지금까지 강력하게 뇌리에 박혀 있는 말 중 하나가, "사는 동안 돈 버는 거, 승진하는 거, 그것이 전부인 것처럼 살아왔는데 퇴직해서 보니 가장 놓치고 살았던 것이 일상의 행복이었어요."라는 말이었다.

우리는 대부분 크고 거창한 목표만을 바라보고 살아간다. 사실은 그 목표를 이루는 과정 속, 작은 일들이야말로 진정한 내 모습을 만든다. 매일 반복되는 일상에서, 작고 사소한 일들에도 마음을 다해 살아간다면, 그것이야말로 내 인생을 빛나게 하는 것이 아닐까?

나는 오늘도 작은 일에도 최선을 다하려 한다. 일상 속 작은 순간들은 내가 얼마나 최선을 다하느냐에 따라 그 의미가 크게 달라질 수 있기 때문이다. 아침에 눈을 뜨고 하루를 시작하는 작은 일에서부터, 누군가에게 건네는 따뜻한 미소, 스쳐 지나가는 인연 하나까지, 삶의 모든 순간에 최선을 다한다면 그 순간들은 단순히 흘러가는 것이 아니라 나의 인생을 더욱 풍요롭게 만드는 촉매제가 되리라.

큰 성공이나 눈에 띄는 성취는 한 번에 이뤄지지 않는다. 그 바탕에는 매일매일 적금 들듯이 쌓아가는 사소한 노력 속에 있다. 작고 부드러운 물방울이 바위를 뚫듯이, 일상 속 작은 정성이 모여 가치 있는 결과를 만들어 낸다.

젊어서는 큰 성공이나 화려한 성취가 눈에 들어왔다. 이제는 삶의 진정한 가치는 오히려 일상 속 작은 순간에서 비롯된다는 걸 안다. 하루하루가 그저 지나가는 시간이 아니라, 매 순간이 소중하고 귀하다. 그것이 거창한 것도 큰 목표도 아니다. 가족과의 시간, 좋은 사람들과 만남, 나 자신과 보내는 그 모든 게 의미 있는 '일'들이다.

지금 당장 큰 성취를 이루지 못하더라도 내가 할 수 있는 것들에 마음을 다하는 그 자체가 소중하다. 커피 한 잔의 여유, 산책길에서 만나는 꽃들과 새들의 노랫소리, 정성을 다해 준비하는 한 끼 식사까지. 이것이 모여 내 삶을 풍요롭게 만든다.

중용 23장이 나에게 속삭인다. "지금 당신 앞에 있는 모든 순간에 최선을 다하는 것, 그것이 바로 당신 삶의 나침반이다."라고.

세 번째 스무 살에 다시 만난, 영화 '역린' 속 대사를 나침반 삼아 매 순간 정성을 다해 살아보리라. 지극히 정성을 다한 사람만이 나와 세상을 변하게 한다면, 인생 후반전을 걸어도 되지 않겠는가?

각자의 속도, 각자의 방향으로

아침 6시 40분 길을 나섰다. 오랜만에 집에 온 아들이 내장사 단풍 구경을 가자고 했다. 일찍 가야 복잡하지 않을 거라고. 내장사 주차장에 도착한 시간이 오전 8시 전이었다. 아들 말대로 도로는 한산했고 주차장은 넉넉했다.

아들이 대학생이었을 때, 남편과 둘이 왔던 내장사 단풍은 절경이었다. 그때 기억이 강렬해 단풍하면 떠오른 곳이 항상 내장사였다. 그때만큼은 아니었지만, 여전히 가을이 익어가고 있었다.

내장사 가는 길 나무들은 한 폭의 그림처럼 붉고 노랗게 물들어 있었다. 회색빛 하늘에 숨은 햇살이 부드럽게 내려앉아 단풍잎을 스쳤다. 나뭇잎마다 가을이 들어와 있었다. 울긋불긋 물든 잎에 손끝을 대면 주르륵 물감이 흘러내릴 듯했다. 그 옆에 선 은행나무 가지에 달린 노란 잎들은 흐린 하늘을 빨아들인 듯 촉촉했다.

바람이 불 때마다 나뭇잎들이 우수수 떨어졌다. 땅을 점령한 잎들은 노랗고 붉은빛이 섞여 갈색 길을 만들었다. 사찰로 이어진 길은 곳곳에 노랗고 붉은 융단이 깔렸다. 사람들이 걸을 때마다 사그락거리는 소리가 났다. 그 소리는 마치 가을의 속삭임처럼 들렸다.

내장사 연못 위에는 파란 정자가 있었다. 청색 지붕은 울긋불긋한 나뭇잎 속에서 더욱 또렷했다. 그 주변을 단풍나무들이 자연 속 화폭처럼 둘러서 있었다. 나무들은 가지마다 붉고 노란 잎을 가득 매단 채, 고요한 연못을 향해 팔을 뻗고 있었다. 잔잔한 연못 속에 하늘과 단풍나무, 파란 정자가 선명하게 내려앉았다. 물속에 잠긴 정자와 단풍나무는 현실의 색보다 더욱 깊고 그윽했다. 그곳은 또 하나의 세계였다. 바람이 불 때마다 가을을 담은 잎들이 연못 위로 떨어졌다. 바람이 물결을 품었다. 파란 정자와 단풍나무 그림자가 흔들렸다. 두 개의 정자와 단풍나무들이 마주한 장면은 시간과 공간이 멈춘 듯 신비로웠다.

사람들이 하나둘 모여들었다. 돌이 막 지난 듯한 아이가 돗자리 위에서 기어다니고 있었다. 세상 모든 게 신기한 듯 두리번거리는 얼굴에는 호기심이 가득했다. 아이는 본능적으로 네 발로 움직이며 작은 몸으로 주변을 탐색했다. 아이는 자신이 할 수 있는 방식대로 세상을 배우고 있었다. 우리에게도 이 아이와 같은 시절이 있었다. 두려움 없이 매 순간 호기심 가득한 얼굴로 세상을 바라보던 때가.

사람들이 아이를 지나 노랗고 빨갛게 물든 나무 사이로 모여들었다. 사진을 찍으며 각자 가을을 만끽하고 있었다. 주변을 둘러보며 가을의 정취를 감상하는 모습 속에는 그들만의 여유가 있었다. 일상에서 반복되는 하루지만 그 속에서 작은 아름다움을 찾으려는 사람들의 모습이 자연 속에 녹아 있었다. 그들에게는 삶에 균형감각을 찾고자 하는 중년의 모습이 있었다. 직장과 가정, 무수히 많은 관계 속에서 주어진 무게와 책임을 감당하며 살아가고 있는. 어쩌면 이 시기 무게가 가장 무겁고 힘겨울지도 모른다.

엉금엉금 기어가는 아이 옆으로 왼손에 나무 지팡이를 짚은 할머니가 서 계셨다. 검은색 가방을 짊어진 할머니 등은 거의 구십 도로 굽어 있었다. 지팡이가 땅바닥을 탁하고 짚으면 그것을 의지 삼아 왼발이, 그 뒤를 오른발이 느리게 따라 나왔다. 할머니 발은 세 개였다. 지팡이라는 발에 의지하여 조심스럽게 한 발 한 발 내딛는 모습은 또 다른 풍경이었다. 그것은 젊은 시절부터 차곡차곡 쌓아온 시간의 무게가 몸에 남긴 흔적이었다. 더 이상 빠르게 달릴 필요도, 목표를 향해 나아갈 필요도 없는 할머니는 그저 세 발에 의지한 채 한 걸음 한 걸음 내딛고 계셨다. 풍경과 자신을 온전히 받아들이며 삶의 속도보다는 깊이가 중요하다는 듯이 지팡이와 함께 걷는 할머니를 보고 있으니 '느림의 미학'이 떠올랐다. 그것은 느린 걸음 속에서 세심하게 자신을 돌아보고 주어진 삶을 더 깊이 이해하고자 하는 마음이었다.

깊어져 가는 가을 내장사 그곳에는 갓난아이가 기어가고 있는 네 발, 사람들이 걷고 있는 두 발, 할머니가 의지하며 딛고 있는 세 발이 있었다. 세대도 삶도 다르지만, 그들은 모두 하나의 길 위에 있었다. 갓난아이가 자라 어른이 되고, 어른이 나이가 들어 노년이 되는 여정이 고스란히 한 장소에 있었다. 그것은 삶, 그 자체였다. 각자가 선택한 방식으로 세상을 경험하고, 배우며, 살아가는 발자국들이 인생 궤적이 되는.

우리는 자신만의 걸음으로 가을 속을 걷는다. 각자 길 위에서 짊어지고 가는 무게는 서로 다르지만, 그것은 누구에게나 소중하다. 갓난아이에게도 어른에게도 할머니에게도. 가벼운 발걸음이든, 무거운 발걸음이든, 나름대로 자신의 삶을 살아간다. 그것이 결국은 흔적으로 남는다. 지금, 이 순간에도. 우리는 자신에게 주어진 무게를 짊어지고 각기 다른 속도와 방식으로 인생 길을 걷고 있다. 지구라는 별에서 여행자로 다가올 겨울을 준비하며.

오늘을 산다는 건, 얼마나 찬란한가?

나이 들수록 가까운 기억은 멀어지고 먼 기억은 가까워진다고 한다. 친정엄마는 무엇을 하시든 손이 크셨다. 음식 하나를 하시더라도 넉넉하고 푸짐하게 하셔서 이웃과 나눠 드셨다. 어릴 적 설날에만 맛볼 수 있었던 음식들이 몇 가지 있었는데 그중 하나가 꼬막이었다.

엄마는 설날이면 항상 꼬막 한 망을 사셨다. 그것을 대야에 담아, 살얼음이 있는 수돗가에 쪼그리고 앉아 맨손으로 씻으셨다. 해감이 되고 깨끗해진 꼬막은 펄펄 끓고 있는 커다랗고 긴 양은솥으로 들어갔다. 몇 차례 국자로 조리돌림을 하면 꼬막 입이 조금씩 벌어졌다.

"꼬막은 따뜻했을 때 먹어야 제맛이 나야."라며 양판 가득 퍼서 상 위에 올려놓으셨다. 우리는 그 상을 방 한가운데로 가져가 동그

랗게 둘러앉아 까먹었다.

며칠 전부터 계속 머릿속에서 꼬막이 맴돌았다. 처음부터 꼬막을 좋아했던 것은 아니었다. 비릿했다. 씹으면 짠맛이 입안 가득 퍼져서 맛이 없었다. 이십 대까지는 일부러 찾아서 먹는 음식은 아니었다.

그 꼬막이 이제는 제철이 되면 반드시 먹어야 하는 음식이 되었다. 추억의 한 페이지를 열어주는 마법 같은 존재가 되었다. 꼬막을 한입 베어 물면 그것을 처음 맛보았던 순간, 그 풍경이 눈앞에 펼쳐졌다. 아버지, 엄마, 남동생, 여동생이 있었던 공간 속으로 나를 데려다주었다.

꼬막을 먹어야 했다. 꼭, 반드시. 당장 먹지 않으면 안 될 거 같은 그런 마음이 발동한 날. 그런 경험이 있는 사람은 알리라. 그것이 어떤 느낌인지.

바둑을 두다 말고 소파에 대자로 누워 있는 남편에게 말했다.

"나 꼬막이 먹고 싶어."

"그래, 사러 갔다 오자."

남편은 꼬막을 먹고 싶다는 내 말에 두말없이 따라나섰다.

꼬막 2킬로, 피꼬막 1킬로를 샀다. 1킬로에 1만 원씩. 예순이 넘어도 꼬막을 삶을 줄 모르는 나는 꼬막 삶는 법 검색을 한다. 알려 준 대로 따라서 꼬막을 삶는다. 피꼬막은 시간 조절에 실패, 질기다. 씹어도 씹어도 입안에서 사라지질 않는다.

에라, 모르겠다. 이럴 때는 잘게 썰어 전을 부치자. 부침가루를 사러 간 김에 무등산 막걸리 두 병도 산다. 전에는 막걸리지. 아무렴 그렇고말고. 부침가루와 막걸리 두 병을 사 들고 오는 길 발걸음이 조르바 댄스다.

삶은 꼬막을 접시에 담아 식탁 위에 올린다. 도구를 이용할 줄 아는 공대 출신 남편은 수저로, 마음 흘러가는 대로 살고 있는 나는 맨손으로 깐다.

꼬막과 잘게 자른 피꼬막, 부추, 홍고추. 달걀과 함께 부침가루를 넣고 섞는다. 노릇노릇 삶이 익어가듯 전도 익어간다.

꼬막전은 접시에, 무등산 막걸리는 대접에.

어라, 어라. 내가 전을 부치고 있는 그 틈에 남편이 막걸리 석 잔을 연거푸 마셔 버렸다. 나는 아직 한 잔도 안 마셨는데. 행여나 내 몫이 없어질까, 봐 한 잔을 주르륵 목 안에 털어 넣는다. 그 모습을 보고 있던 남편은 안 뺏어 먹을 테니 천천히 마시라 한다.

막걸리가 다디달다.

꼬막전은 더 고소하다.

막걸리 석 잔을 마신 남편 얼굴에 가을 단풍이 든다.

이제부터 남은 막걸리는 내 차지다. 얼쑤.

어깨가 저절로 올라간다.

막걸리에는 창이지. 이럴 때는 춘향가 중 쑥대머리를 들어줘야 해. 한 가락 넘어갈 때마다 나는 얼씨구 지화자를 외치고, 남편은 단풍잎보다 더 붉은 얼굴로 바둑알 세상으로 들어간다.

꼬막 전과 막걸리 두 병에 지난 세월이 찾아와 내 옆에서 조곤조곤 말을 건다. 부모님과 동생들, 온 가족이 방안에 빙 둘러앉아 꼬막을 까먹었던 소녀가 사라진 자리에 예순이 넘은 내가 있다. 거실 접이식 문 유리에 비친 내 모습을 찍는다.

그건 꼬막이 아니라 추억. 나는 그것을 삶아 마음이 담긴 그릇에 올린다. 식탁 위에 놓인 추억과 막걸릿잔 앞에 내가 앉아 있다. 지난 세월 그 소녀는 사라졌지만, 그 안에 남은 이야기는 여전히 살아 숨 쉰다.

어린 시절, 꼬막 속에 담긴 풍경은 나를 만든 거름이었다. 음식에 담긴 사랑과 정성이 내 기억 속에 남아 뿌리를 내리고 오늘의 내가 되었다.

과거의 기억은 사라진 것이 아니었다. 수시로 나타나 글이 되었다. 내 안에서 꼬막처럼 삶아진 글들이 둥지를 틀어 오늘을 살게 한다. 남편과 함께 삶은 꼬막에 막걸릿잔을 주고받은 오늘 이 시간도, 먼 훗날 어린 시절 엄마가 삶아주신 꼬막 속 기억처럼 되살아나 또 다른 글로 살아날지도 모를 일이다.

세 번째 스무 살, 나는 오늘도 추억 속 꼬막을 소환해 무등산 막걸리와 춘향가 중 쑥대머리에 얼씨구, 지화자를 한다. 오늘을 산다는 건 이처럼 찬란한 일이다.

가장 힘든 승리는, 자기 자신과 싸움

몸이 편하면 마음도 편할 줄 알았다. 아침에 눈을 뜨면 늘 하던 대로 눈 마사지를 하고 기지개를 켠다. 간단한 스트레칭을 하며 하루를 시작한다. 감기 기운이 있어, 그렇게 시작하던 습관을 며칠 멈췄다. 처음에는 침대에서 꼼지락대며 누워 있는 것이 편했다. 시간이 지날수록 마음이 불편했다.

'2025년이 시작된 지 얼마나 지났다고, 너 자신에게 솔직해져 봐. 지금 감기 증세가 너의 루틴을 무너뜨릴 만큼 힘들어.' 스스로 질문을 던졌다. 그건 아니었다. 그 순간 철학자 아리스토텔레스가 내 머릿속에 들어왔다. "가장 어려운 승리는 자기 자신을 이기는 것이다." 이 말이 나에게 날카로운 질문처럼 다가왔다.

자신을 이긴다는 것은 힘들고 싫은 것을 참고 견디는 것이 아니라 나태함과 유혹을 넘어서 스스로 더 나은 방향으로 이끌어가는 힘이다. 한 며칠 몸이 편한 것을 선택했지만 마음의 균형은 무너지고 있었다.

퇴직 후 하루는 새로운 도전이었다. 꿈꾸던 대로 거실 내 자리에 앉아 글을 쓰고 책을 읽었다. 처음에는 사람들이 "퇴직하고 뭐해?"라고 물어보면 "매일 거실로 출근해."라고 대답했다. 그렇게 2024년을 보냈다. 2025년 새해 인사를 나누던 중, 지인이 "평생 출근했으면 됐지, 퇴직해서까지 출근이라는 단어를 또 쓰고 싶어?"라고 했다. 그 말을 들은 순간, 강하게 한 대 얻어맞은 기분이었다.

'출근'이라는 단어 속에 들어 있는 책임과 의무, 속박, 하기 싫어도 할 수밖에 없는 상황들이 떠올랐다. 내가 하고 싶어서 즐겁고 행복하게 누리고 있는 하루를 출근이라는 단어 속에 가둬놓고 있었다. 지인을 만나고 온 이후 나는 '출근' 대신 '놀이터'라 부르기로 했다. 놀이터라는 단어를 붙인 순간 이 전보다 더 즐겁게 내 마음을 탐험하는 공간이 되었다. 하지만 놀이터도 자신과의 싸움이었다. 새벽에 일어나 자리에 앉는 것. 소파의 편안함, 수시로 울리는 핸드폰 알람 소리는 매일 나를 방해했다. 흐름이 깨져버리면 더 이상 진도가 나가지 않았다. 핸드폰은 무음으로 돌리고 글 쓰는 시간, 책 읽는 시간을 정했다. 그 시간 동안에는 그것만 하기로 했다. 그 작은 싸움은 하루를 바꾸는 힘이었다.

루틴은 내가 나에게 한 약속이었다. 그것을 실천하며 하루를 여는 것은 내 삶의 방향을 잡아주는 나침반이었다. 그것이 무너지자, 방향을 잃은 배처럼 표류하고 있었다. 시간이 지날수록 침대에 누워 있는 것이 바늘방석에서 벌을 받는 듯했다. 몸이 편하다고 해서 마음이 편한 것이 아니었다.

감기 기운은 여전했지만, 예전처럼 몸을 움직였다. 침대에서 벗어나기 싫은 나를 뒤로하고 '놀이터'로 나왔다. 짧고도 치열한 싸움이었다. 의자에 앉아 노트북을 열자, 마음 한구석에서 작은 승리의 환호성이 터졌다.

중국 고전 손자병법에는 "자기를 다스릴 수 있는 사람만이 세상을 다스릴 수 있다."라고 했다. 나를 다스리는 것이야말로 가장 위대한 승리가 아닐까? 매일 아침 스트레칭, 글쓰기, 독서, 산책. 이 작은 행동들은 내 삶의 중심을 잡아주는 방향키이자 흔들리는 마음을 안정시키는 나만의 의식이다.

무라카미 하루키는 밤 9시 취침, 새벽 4시 일어나서 글쓰기, 아침 식사, 오후 달리기, 수영, 번역, 개인 시간 활용하기를 30년 가까이 지키고 있다. 그에 비하면 내 루틴은 이제 시작이다. 그럼에도 이리 엄살을 부리고 있으니.

삶에서 크고 작은 싸움은 매일 반복된다. 인간관계에서, 환경에서. 그중 가장 어려운 싸움은 언제나 나 자신과 싸움이다. 나태함, 두려움, 포기하고 싶은 순간들. 그 싸움에서 이길 때 비로소 나는 한 걸음 더 나아갈 수 있다.

몸과 마음은 서로의 거울이다. 몸이 움직일 때 마음은 가벼워지고 마음이 단단해질 때 삶은 한층 더 빛난다. 나는 오늘도 내가 만들어 놓은 놀이터에 앉아 있다. 무언가 되기 위해서가 아닌 오롯이 나를 만나기 위해서. 이것은 내가 나에게 주는 가장 큰 위안이자 선물이다.

끝까지 남는 사람, 그가 결국 길이 된다

　드디어 올해 해금 첫 수업이 있었다. 작년에는 손 부상, 해외여행, 건강 때문에 불가피하게 수업을 빼먹는 날이 많았다. 올해는 해외여행 갈 때만 제외하고 결석하지 말자며 목표를 세웠다.
　'그 저녁부터 새벽이 오기까지' 해금 소리에 반해 퇴직과 동시에 시작한 국악원 해금 수업. 작년 3월에 나랑 같이 시작한 동기는 여섯 명이었다. 여섯 명이 한마을처럼 옹기종기 모여 있었다. 초보자들의 엉성한 연주와 웃음소리로 가득했던 교실. 나이도, 배경도, 시작한 이유도 각기 달랐지만, 모두가 해금을 배우겠다는 열정 하나로 뭉쳤다.

　동기들은 첫날 수업이 끝나자마자 악기점에 가서 해금을 대여하며 열의를 불태웠다. "우리 끝까지 해보게요." 서로서로 격려하며 응원했다. 시간이 지나면서 하나둘 이탈자가 생기기 시작했다.

"갑자기 일이 생겨서 할 수가 없어요. 다음에 기회가 되면 다시 올게요." 처음 그만둔 동기는 이 말을 남기고 떠났다.

"너무 어려워요."

"해도 해도 실력이 늘지 않으니, 재미가 없어요."

"너무 바빠요."를 비롯한 다양한 이유로 나머지도 떠나고 이제 나를 포함 두 명이 남았다.

악보를 보고 활을 움직여 한 음을 정확히 내기 위해서는 몇십 번, 몇백 번을 반복 연습해야 한다. 그 정도로 연습을 한 사람은 단 한 명도 없었다. 노력은 저만치 놔두고 '왜 이리 잘 안되지?'라며 포기할 생각부터 한다. 나는 그만큼 노력하지 않았기 때문에 잘할 때까지 하려고 한다.

해금을 배우며 깨달았다.

인생에서도 끝까지 남는 사람이 결국 길을 간다는 사실을. 많은 이들이 새로운 일을 시작하지만, 끝까지 남아 있는 이는 극히 적다. 진짜 성취는 그 끈기와 집념 속에서만 얻을 수 있다. 이제 수업에 남은 동기는 두 명뿐이다.

2025년 첫 수업에서 만난 우리는 "나이가 들어 악기를 들 수 없을 때까지 꼭 같이하자."라며 손을 맞잡았다. 갈 길은 아직 멀지만 우리는 나아가고 있다. 그 길 위에서 배운 것은 악기 연주법만이 아니었다. 끈기는 삶의 근육과도 같다. 그 길을 걷는 동안 얻게 되는 모든 경험이 결국 나를 더 단단하게 만든다.

새해 첫 수업 시간. 기존 회원들과 신입생들로 강의실은 오랜만에 꽉 찼다. 신규 회원들은 우리가 작년에 배웠던 악기 구성, 활 잡는 법, 소리 내는 법을 배웠다.

기존 회원인 우리는 '진도아리랑', '경기 아리랑', '백만 송이 장미'를 연습했다. 연습하는 동안 이쪽저쪽에서 끼깅, 깽깽. 그것은 화음이 아니라 소음이었다. 서로 다른 음들이 강의실 공중에 부딪혀 묘한 울림을 만들고 있었다. 연습이 끝나고 합주하는 시간. '와!' 우리는 감탄사를 연발했다. 완벽하진 않았지만, 들을 만했다.

작년 첫 수업을 생각하면 크나큰 발전이었다. 도중에 포기했더라면 어떻게 '아리랑 연곡'과 '백만 송이 장미'를 합주할 수 있었겠는가? 합주를 끝낸 우리의 얼굴에는 웃음이 가득했다.

수업을 시작했을 땐 누구나 같은 출발선에 서 있었지만, 끝까지 남기란 쉽지 않다. 처음에는 다들 열정과 기대감으로 가득하다. 시간이 지나면서 그 열정이 점차 희미해진다. 인내와 꾸준함이 필요한 순간이 찾아온다. 특히 배우는 과정에서 크고 작은 난관이 반드시 생긴다.

해금을 배우는 것도 마찬가지다. 소리가 제대로 나지 않을 때, 반복 연습에도 원하는 음이 나오지 않을 때, '나는 왜 이리 재능이 없을까?' 등등 여러 생각들이 머릿속에 집을 짓기도 한다. 바로 그 답답함을 견디는 것이야말로 진짜 도전이다.

해금을 배우는 과정에서 가장 크게 느낀 것은 끈기와 집념이었다. 그것은 해금을 넘어 어떤 삶에도 적용된다. 그 길에서 끝까지 남는 사람만이 진정한 성취를 얻는다. 끈기는 포기하지 않는 것이 아니라, 자신과의 싸움에서 이겨내는 과정이다. 그것은 "나는 할 수 있다."라는 믿음에서 비롯된다.

내 손끝에서 울려 퍼지는 해금의 소리는 완벽하지 않지만, 한 음 한 음이 쌓여 내가 갈 길을 만들고 있다. 끝까지 남은 사람만이 진정으로 길을 걷는다는 사실을 기억하며, 오늘도 나는 활을 당긴다. 질긴 사람이 살아남는다는 말은 진리다. 무엇을 하든 질기게 끝까지 가다 보면 실력은 덤으로 오게 되어 있다.

끝까지 남는 사람, 그가 결국 길이 된다.

행복도 연습이 필요하다

올겨울 들어 가장 많은 눈이 내렸다.

소복소복 내리는 눈을 창밖으로 보고 있자니 온몸이 간질거렸다. 잠옷 위에 바지와 외투를 입고 진회색에 핑크 무늬가 있는 벙거지를 눌러썼다.

눈 색깔을 닮은 운동화를 신발장에서 꺼냈다. 신발 밑창이 눈길에도 잘 미끄러지지 않는다고 해서 샀다. 마스크까지 쓰고 신발장에 붙어 있는 거울을 봤다. 완전 무장이다. 바람 한 점 들어올 틈 없는.

현관문을 열었다. 으악, 바람이 파도처럼 밀려왔다. 한 치 앞도 분간할 수 없는. 휘날리는 것이 아니라 퍼붓고 있었다. 하늘에 있는 눈 지붕에 구멍이 뚫린 듯 쏟아져 내렸다. 세상은 어느새 눈밭이 되어 있었다. 시멘트 위에도 주차장 위에도 하얗게 쌓인 눈은 모든 경계를 지워버렸다. 나는 눈길을 달렸다. 양팔을 벌리고 달리고 또 달렸다.

　직장 생활을 할 때는 눈이 오면 걱정이 앞섰다. '출근해야 하는데, 차를 가지고 갈까, 말까? 택시는 잘 잡히려나?' 눈 자체를 즐기기보다는 생활이 먼저였다.

　퇴직 후 처음 맞이한 겨울. 내리는 눈발이 이리 정겨울 수가. 눈이 쌓인 테니스장에 발자국을 남겼다. 문득 캠핑 분위기를 내고 싶었다. 펄펄 내리는 눈 속에서 하는 캠핑.

　마트에서 삼겹살과 소시지를 샀다. 창밖에는 하염없이 눈이 내리고 그 눈을 친구 삼아 거실에 나를 위한 캠프장을 차렸다. 삼겹살과 소시지를 노릇노릇하게 구웠다. 삼겹살을 상추, 깻잎, 파무침, 마늘, 고추와 된장을 넣고 싸서 입에 넣었다. 창밖에는 함박눈이, 라디오에서는 김민기의 '어느 늙은 군인의 노래'가 흘러나오고 있었다.

　캠핑에 빠질 수 없는 낭만. 음악이 있어야겠기에 우쿨렐레를 오랜만에 꺼내 들었다. 조율했다. 몇 개 코드를 집었다. 오, 아직 녹슬지 않았다. 손가락이 저절로 움직였다.

　목을 가다듬고 '제주도의 푸른 밤', '나성에 가면', '진주조개잡이', '바람이 불어오는 곳', 'I have a dream', 'You're My Sunshin'을 불렀다. 우쿨렐레에 맞춰서. 다른 노래도 더 하고 싶었으나 악보가 이것밖에 없어서 더 이상 우쿨렐레를 칠 수 없었다.

해금을 꺼내 들었다. 국악원에서 합주했던 '아리랑 연곡'과 '백만 송이 장미'를 연습 삼아 연주했다. 마지막으로 연습할 때마다 빼놓지 않은 곡 '그 저녁 무렵부터 새벽이 오기까지'를 반주에 맞춰 활대를 당겼다. 와우! 들을 만했다.

한 김에 시 낭송도 해야 한다며 눈 내리는 날이면 어김없이 떠오르는 시. 백석 시인의 '나와 나타샤와 흰 당나귀'를 살바토레 아다모의 샹송 '눈이 내리네' 피아노 반주에 맞춰 읊었다. 관객은 소리 없이 내리는 새하얀 눈발이었다.

나와 나타샤와 흰 당나귀
_ 백석

가난한 내가
아름다운 나타샤를 사랑해서
오늘 밤은 푹푹 눈이 나린다
나타샤를 사랑은 하고
눈은 푹푹 날리고
나는 혼자 쓸쓸히 앉어 소주를 마신다

소주를 마시며 생각한다

나타샤와 나는

눈이 푹푹 쌓이는 밤 흰 당나귀 타고

산골로 출출이 우는 깊은 산골로 가 마가리에 살자

눈은 푹푹 나리고

나는 나타샤를 생각하고

나타샤가 아니 올 리 없다

언제 벌써 내 속에 고조곤히 와 이야기한다

산골로 가는 것은 세상한테 지는 것이 아니다

세상 같은 건 더러워 버리는 것이다

눈은 푹푹 나리고

아름다운 나타샤는 나를 사랑하고

어데서 흰 당나귀도 오늘밤이 좋아서 응앙응앙 울을 것이다.

〜

삼겹살 한 점, 우쿨렐레와 맞춰 부르는 노래, 해금 한 자락, 백석의 시가 있는 문학과 음악이 있는 한낮의 캠핑.

창밖에는 여전히 눈이 내리고 나를 위한 캠핑장의 낮은 깊어진다. 그 안에서 내 삶도 노릇노릇 익어간다.

〜

나는 늙어서 더 행복하다.

젊었을 때는 아주 많이 불행하다고 생각했다.

불행한 게 아니라 불행하다고 생각했다.

지금 나는 행복한 것이 아니라

행복하다고 생각한다.

그래서 말하고 싶다. 행복도 연습이다.

_ 나태주 시인의 '약속하건대 분명 좋아질 거예요' 중

겨울을 지키는 장미 한 송이처럼

땅에 떨어진 낙엽들은 사람들의 발길에 치여 형체를 알아볼 수 없었다. 잎사귀를 잃은 나무들은 겨울 침묵으로 들어갔다. 발밑에서 바스락거리는 마른 낙엽, 입김으로 하얗게 흐려지는 차가운 공기. 모든 게 멈춘 것처럼 느껴졌다.

길을 따라 걷던 나는 발길을 멈췄다. 호수 입구에서 서너 발걸음 내디뎠을 때였다. 나를 사로잡은 빨간 장미 한 송이. 핏빛처럼 붉은 장미 한 송이가 바람에 흔들리고 있었다. 차갑고 메마른 풍경 속에서 홀로 선명한 빛을 내는 장미는 마치 세상에 저항하듯 피어 있었다.

내 상식 속 장미는 5월에 피는 꽃이었다. 품종이 사계절 피는 장미라고 할지라도 겨울 차가운 품에서 이렇게 선명한 빛을 뽐고 있다니. 초라한 가지 사이에서 홀로 핀 장미는 고요한 겨울 공원에서 강력한 생명력을 뿜어내고 있었다.

모든 이가 '네가 만든 계절은 끝났어.'라고 이구동성으로 말했지만, 장미는 온 천하에 자신의 존재를 알리고 있었다. 얼음장 같은 차가운 바람이 잎과 꽃을 때려도 흔들릴지언정 꺾이지 않았다. 나는 장미 앞에서 발걸음을 멈추고 오래오래 들여다봤다. 가지를 스치는 초겨울 바람은 매서웠지만 장미는 흔들리면서도 고개를 숙이지 않았다.

어린 시절, 한겨울 눈밭에서 눈사람을 만들던 날이면 손발이 꽁꽁 얼어 송곳으로 찌른 것처럼 아팠다. 그에 아랑곳하지 않고 우리는 눈송이를 굴리며 깔깔거렸다. 추위 속에서도 우리가 만들었던 눈사람에 대한 기억은 지금까지도 내 마음속에 따뜻하게 남아 있다. 공원에 홀로 핀 장미도 그런 존재가 아닐까? 고단한 계절 속에서도 우리가 기억해야 할 따뜻함을 속삭이는 작은 기적.

어쩌면 우리도 이 장미처럼 세상을 살아야 하지 않을까? 세상이 만들어 놓은 규칙이 아니라 우리가 스스로 만들며 살아가는. 북풍한설이 몰아치는 겨울 속에서 그 누구도 주목하지 않은 곳에서 조용히 피어나는 이 장미처럼. 꿋꿋하게 우리 삶을 살아간다면 이 또한 멋지지 아니한가?.

홀로 피어 흔들리되 꺾이지 않은 빨간 장미를 카메라에 담았다. 집에 와서도 그 붉은빛이 머릿속에서 떠나지 않았다. 장미는 단순히 아름답다기보다는 숭고했다. 추위와 싸우며 스스로 증명한 생명의 메시지였다. 겨울 장미는 내게 이렇게 속삭이고 있었다.

"추위 속에서도 피어나는 법을 배워라.
그래야 너만의 봄이 찾아오니."

그 생각만으로도 힘이 났다. 인생의 겨울은 누구에게나 찾아온다. 모든 게 끝난 것처럼 여겨지는 때가 있다. 나도 그랬다. 젊어서는 예순이 넘으면 인생이 끝나는 줄 알았다. 나에게는 너무 먼 나이였다. 그것은 할머니 모습을 하고 있었다. 막상 그 나이가 되어보니 끝이 아니었다.

"너의 계절은 끝났는가?"
"천만의 말씀, 나의 계절은 이제부터다."

겨울 공허 속에 빨갛게 홀로 핀 장미. 그것은 정년퇴직 후 예순을 살아가고 있는 나를 움직이는 마법이었다. 지금은 필 시기가 아니라고 다른 꽃들은 사라지고 없을 때, 자연 앞에 모습을 드러낸 붉은 장미 한 송이. 오히려 당당하게 피어 이 겨울 자신을 증명했다.

모두가 오른쪽으로 갈 때, 왼쪽으로 가는 용기.

남들이 선택한 길이 아닌 자신이 만들어 가는 길을 개척해 가는 뚝심.

자신의 계절이 아님에도 홀로 피어 그 가치를 증명해 보이는 강인함.

한겨울 호숫가에 홀로 핀 장미는 신념, 희망, 용기였다. 나이에 움츠러들지 않고 스스로 빛을 내며 피어나는 것. 이것이야말로 진정한 삶이 아닐까?

내 인생에 계절은 끝이 아니라 이제 시작이다. 겨울에 피어난 붉디붉은 이 장미처럼 선명하고 찬란하게 나아가리라.

세 번째 스무 살, 멋대로 살자

 세 번째 스무 살, 얼마나 설레는 나이인가? 단어 속에 담긴 자유와 해방감은 오래전 잊고 산 꿈을 다시 깨우는 요술 상자다. 오늘도 나는 창밖으로 스며드는 부드러운 빛을 바라본다.
 그동안 나는 '해야만 한다.'라는 강박 속에 갇혀 살았다. 십 대에 해야 할 것들, 스무 살이면 반드시 이루어야 할 것들, 서른이 되면 성취해야 할 목표들, 마흔이 되면 맞이해야 할 사회적 기대들. 그러다 보니 어느 순간 스스로가 정해진 틀에 갇혀 버린 듯한 느낌이 들었다. 그렇게 살지 않으면 왠지 모르게 도태되어 버릴 것 같은 두려움과 불안이 수시로 찾아왔다.

 세 번째 스무 살이 된 지금은 어떤가? 인생의 어느 한 시점에 도

달한 내가, 여전히 그런 삶을 고집한다면 철창에 갇힌 새와 다른 것이 무엇이겠는가? 그동안 쌓아놓은 무게를 내려놓아도 좋을 나이. 이제는 더 이상 남들이 정해준 틀에 맞춰 살 필요가 없다. 내 마음의 리듬에 맞춰 자유롭게 춤추며 살아갈 시간이다.

핸드폰을 집어 들었다. 습관처럼 블로그에 올라온 글들을 읽기 시작했다. 그 글 중 한 줄에 내 마음이 흔들렸다. '노후, 적당히 내려놓고 내 맘대로 살기'라는 글이었다. 일본 정신과 의사 호사카 다케시가 쓴 '대충 사는 노후를 권함'의 한 구절이 내 심장을 두드렸다. 오랜 세월을 살아오며 겪은 무수한 의무와 기대를 한 순간에 무너뜨리는 주문이었다.

그동안 '해야만 한다.'라는 외침에 끝없이 달려왔다. 내 삶은 폭풍우 치는 바다처럼 힘겹기도 했다. 이제는 아니다. 호사카 다케시의 책 『대충 사는 노후를 권함』은 내게 작은 등불이 되어주었다. 이 책이 내게 전한 메시지는 단순했다.

1. "이렇게 해야만 한다."라는 굳어진 틀을 부수어 버리자.
2. 인간관계도 때로는 가볍게, 여유를 가지고 대충해도 괜찮다.
3. 작은 실수나 좌절에도 자신을 따뜻하게 안아주며 용서하자.

4. 돈보다 소중한 것은, 시간을 소중히 여기며 즐기는 여유이다.
5. 건망증조차 인생의 웃음거리가 될 수 있다는 것, 그것이 바로 노년의 묘미다.
6. 무리하지 않고, 적당히 대충 살아가는 법을 배워보자.
7. 이부자리는 매일매일 새로운 열정으로 가득 찰 필요는 없다.
8. 규칙적인 식사에 얽매이지 않고, 내 리듬대로 맛있는 삶을 즐기자.

인생은 '해야만 하는' 의무감으로 가득 찰 필요가 없다. 우리가 살아온 긴 여정 속에서, 수많은 기대와 사회적 규범은 때로 우리를 답답하게 만든다. 세 번째 스무 살은 그 모든 무게를 덜어내고, 순수한 나의 본질을 찾는 시간이다. 아침 햇살처럼 부드럽게, 때로는 유쾌하게 내 삶을 설계한다.

길면서도 짧았던 삶의 터널을 지났다. 드디어 도달한 이 시점에서 나는 발랄한 마음으로 작은 모험을 꿈꾼다. 이제 내 인생의 무대는, 젊은 시절 그 열정과는 또 다른 아름다움을 품고 있다. 거울 앞에서 나에게 미소를 건넨다. 오늘 하루 시작을 축하한다. 내 안에 숨겨진 수많은 열정과 꿈들이 마치 봄바람처럼 살랑살랑 불어온다. 그 바람이 나를 새로운 도전으로 이끈다.

밖으로 나가면, 세상은 여전히 분주하다. 그 속에서도 나는 내 방식대로 즐기며 걷는다. 우주 삼라만상이 찬란하다. 나는 인생의 쏠쏠한 즐거움을 다시 한번 느낀다. 오랜 시간 쌓인 피로와 무거운 의무감은 사라지고 웃음과 상쾌한 기분이 내 마음을 채운다. 세 번째 스무 살은 바로 이런 순간들이 모여 만들어진 특별한 시간이다.

내가 선택한 이 길은 때로는 불안하고 어색할지도 모른다. 걱정할 필요 없다. 그 모든 게 나만의 개성과 색채를 더해 준다. 세월의 흐름에 따라 그저 가면 된다. 때론 낡은 옷처럼 바랜 기억을 버리고, 새롭게 단장된 모습으로 다시 태어나면서. 그 변화 속에서 나는 깨닫는다. 진정한 행복은 외부의 기준이나 남의 평가에서 오는 것이 아니라, 내 마음 깊은 곳에서 우러나오는 소소한 기쁨과 웃음 속에 있다는 것을.

오늘도 나는 말한다. "너는 지금도 매우 멋지고, 충분히 빛나고 있어." 이 한마디가 내 하루를 밝혀주는 등불이 되어준다. 세 번째 스무 살, 그 자유로운 시간은 단순한 나이의 문제가 아니다. 어떤 마음 자세를 갖느냐, 어떤 시각으로 삶을 바라보느냐에 따라 달라진다. 나는 이제 더 이상 타인의 기대에 묶이지 않는다. 자유로운 영혼과 함께 당당하게 걸어간다.

∽

내일이 어떤 날일지, 어떤 시련이 다가올지 알 수 없지만, 나는 이미 그 길을 가고 있다. 매 순간을 소중히 여기고, 작고 평범한 일상에서도 웃음과 감동을 찾아내며 살아가기로. 그 길 위에서 나는 스스로, 세상에 이렇게 말한다. "내 인생은 내 방식대로, 대충이지만 진심으로, 멋지게 살자."

∽

세 번째 스무 살, 이 순간에 완전히 몰입한다. 가벼운 발걸음과 함께.

세 번째 스무 살은 숫자가 아니다. 그것은 의미다. 그 속에는 지난날의 아픔과 기쁨, 앞으로 펼쳐질 무한한 가능성이 모두 들어 있다. 나는 오늘도 이 특별한 시간 속에서, 나 자신과 진솔한 대화를 나눈다. 한 걸음 한 걸음 내 인생 무대를 새롭게 꾸며 나간다. 행복은 '멋대로, 제대로 살자.'라는 다짐 속에 이미 들어있다. 그것은 자신만의 멋을 찾아서 제대로 미친 듯이 살아보자는 멋대로, 제대로 삶이다.

글을 마치며

당신이 꿈꾸는 것은 당신이 되고 싶은 것입니다.

- 로폴드 스토

한 사람의 인생을 글로 정리한다는 것은 결코 간단한 일이 아니었다. 오랜 시간을 지나 여기까지 왔다. 돌아보니, 참 많은 시간이 흘렀다. 매 순간 성실히 살았다. 누군가에게 조금이라도 도움이 되는 삶이었으면, 하고 늘 바랐다.

스무 살의 나는 미래가 막막했다. 두 번째 스무 살에는 가족과 일 앞에서 묵묵히 살아냈다. 나를 돌아볼 겨를조차 없이, 앞만 보고 달려왔다. 이제, 나는 세 번째 스무 살을 살고 있다. 비로소 삶을 조금은 이해하게 되었다. 글을 쓰며 찬찬히 지나온 시간을 돌아봤다. 문득, 견디는 것만이 전부였던 시절이 떠올랐다. 웃는 것조차 잊어버리던 날들도 있었다. 그 모든 시간이 나를 여기까지 이끌었다. 후회 없이, 성실하게 살아왔다.

이 책은 60년대에 태어난 한 사람의 기록이자, 거칠었던 한 시대를 함께 지나온 모든 이들의 이야기다. 넓게 보면, 결국 우리 모두의 이야기다. 육십 평생을 살아오며, 나는 글 한 줄, 말 한마디가 사람을 어떻게 일으키는지를 수없이 경험했다. 내 글을 읽어주던 사람들, 내 말 한마디에 다시 일어섰던 이들. 그 모든 순간이 내 삶을 밝히는 작은 등불이 되어주었다.

이제 나는 천천히, 나의 속도로 살아가고 있다. 누구에게 보여주기 위한 삶이 아니라, 나답게, 따뜻하게. 바쁘게 달려온 시간 속에 미처 보지 못했던 나를 돌아보며, 하루하루 좋아하는 일들로 삶을 채워가고 있다.

새벽이면 어김없이 눈을 뜨고, 내 작은 놀이터에서 글을 쓰고 책을 읽는다. 천천히 떠오르는 새벽빛에 눈과 마음을 맞춘다. 매일 아침, 경이로운 마음으로 새로운 하루를 맞이한다. 순간이 주는 기쁨과 행복을, 가슴 깊이 느끼고 있다.

이 글을 읽고 있는 당신도, 혹시 어디쯤에서 멈춰 서 있다면, 조용히 손을 내밀어 말해 주고 싶다.

"지금까지 참 잘 버텨왔어요. 늦지 않았어요. 그러니 지금부터는 당신을 위해 살아도 괜찮아요."

세 번째 스무 살은, 새로운 출발이자 오래 미뤄두었던 꿈을 꺼내는 시간이다.

대단하지 않아도 괜찮다.

하루하루, 나답게 살아가면 된다.

그것만으로도 우리는 충분히 빛난다.

봄은 늘 생각보다 천천히 온다.

하지만 한 번 오면, 온 세상이 환해진다.

우리의 봄은 이제 시작이다.

우리는, 다시 찬란해지리라.

2025년 5월

나의 놀이터에서

이명숙 드림

60년생이 온다

초판 1쇄 인쇄 2025년 5월 7일
초판 1쇄 발행 2025년 5월 14일

지은이 이명숙
펴낸이 김재광
펴낸곳 솔과학
편 집 바다
영 업 최희선
디자인 본문·표지 장덕종
등 록 제02-140호 1997년 9월 22일
주 소 서울특별시 마포구 독막로 295번지 302호(염리동 삼부골든타워)
전 화 02)714-8655
팩 스 031)422-4656
E-mail solkwahak@hanmail.net

ISBN 979-11-7379-015-7 03810

ⓒ 솔과학, 2025
값 23,000원

이 책의 내용 전부 또는 일부를 이용하려면 반드시 저작권자와 도서출판 솔과학의 서면 동의를 받아야 합니다.